Emprendimiento, creatividad e innovación

Segunda edición

Jorge Gámez-Gutiérrez

Amazon

Título: *Emprendimiento, creatividad e innovación.*

Gámez-Gutiérrez, Jorge. Emprendimiento, creatividad e innovación. Ediciones Unisalle; primera edición 30 de septiembre de 2015.

Segunda edición: marzo de 2024.

©2024: Jorge Gámez-Gutiérrez

©2024 de la presente edición en castellano para todo el mundo: Amazon.

Diseño Galaxia Gutenberg W G

Diseño de portada Galaxia Gutenberg W G

Impreso en Estados Unidos de América

ISBN-10: 9588939070

ISBN-13: 978-9588939070

ISBN: 9798884667754

Compuesto en caracteres Garamond

Dedicatoria

A Elvira, Anita, Carlos Mario y Germán, que se adelantaron.

A Nicolás, siempre.

A Mayra, nuestro proyecto.

A mis nuevos hermanos.

Tabla de contenido

Índice de tablas

Índice de gráficos

INTRODUCCIÓN

Cree a aquellos que buscan la verdad; duda de los que la han
encontrado
André Gide

El modelo de libre mercado vigente en los últimos decenios incluye tratados de libre comercio que generan ventajas para algunos sectores y grandes inconvenientes para otros, como los micro y pequeños empresarios (insuficientes apoyos y subsidios en los países en vías de desarrollo en particular para el sector primario, intrincadas cargas impositivas, trámites complejos, escasa mano de obra calificada y bajo acceso a la tecnología, entre otros). En los últimos decenios la economía colombiana se ha concentrado en la venta de materias primas que generan poco empleo, y, además, muy especializado. Inmersos en las bonanzas de petróleo y productos de minería el Estado puede ¿debería? ahorrar recursos para compensar el agotamiento de esos bienes, es decir, cuando se agoten los recursos el país debería estar preparado para lograr el desarrollo sostenible a través de otras opciones de manera competitiva con mejor infraestructura, comunicaciones y educación (Puede amplia esta información con el caso de Noruega y el manejo que ha dado a los recursos del petróleo).

En este escenario económico y social destaca el rol fundamental que desempeñan los emprendedores, bien sea que creen empresas, actúen dentro de las organizaciones o aborden problemas sociales, culturales, artísticos. Los emprendedores que crean empresa reúnen características muy particulares: son audaces pero prudentes, osados sin duda, pero con memoria de los fracasos, casi temerarios pero conscientes del presente y forjadores del futuro. Hoy algunos de estos emprendedores están en las escalas sociales más altas y se caracterizan por el dominio de sí mismos —disciplina férrea y racionalidad en el manejo de tiempo y recursos— y el deseo de trascender —las empresas más antiguas del mundo han llegado a 1500 años de existencia[1]— aunque en sentido contrario, dos terceras partes de las microempresas no superan *el valle de la muerte*.

El emprendimiento se puede enseñar, en particular en las universidades; el modelo de la triple hélice explica los avances en investigación, desarrollo e innovación desde las interacciones entre las universidades y los entornos científicos, las empresas e industrias y los gobiernos; la cuádruple hélice agregó el apoyo de la sociedad civil y la quíntuple sumó el medio ambiente -la cultura-. ¿Cómo enseñar a emprender? Las didácticas propias de este campo

---

[1] Algunos emprendedores han logrado que sus sueños alcancen siglos. Kongo Gumi nació en Japón en 578 y alcanzó más de cuarenta generaciones. La empresa más antigua de Colombia es La puerta falsa, fundada en 1816. Hay más casos de empresas longevas en "Breve esbozo de empresa de familia", de la colección Apuntes de Clase de Ediciones Unisalle, 2008.

del saber se deberían orientar a la promoción de la creatividad –esta se nutre de varios saberes y disciplinas- que se exprese en la formulación de proyectos sociales, propuestas dentro de las empresas, iniciativas en el sector público y la creación de empresas. En ellas debería pasarse de la creatividad a la innovación.

¿Es propicio el contexto para crear empresa? Sí. A medida que los avances científicos aumentan la esperanza de vida se aleja la edad para obtener pensión y se dictan medidas para hacer más eficiente el mercado laboral —altas tasas de empleo informal—, la mirada de los estudiantes de educación superior se dirige a formas de generación de empleo a través de la creación de empresas.

¿Cómo es el tejido empresarial latinoamericano? Se compone de 9 pymes por cada 10 empresas, en el sector de servicios con poco valor agregado y bajos volúmenes de exportaciones; a pesar de la globalización, la apertura económica y los múltiples tratados de libre comercio no hemos aumentado las exportaciones con innovaciones y valor agregado. Con leyes de emprendimiento y el sistema educativo enseñando a emprender se configuró un escenario ideal: una idea creativa surgida en la universidad y que desde sus inicios muestre el potencial de innovación puede convertirse en una empresa que a mediano plazo puede brindar ingresos equivalentes a los de las grandes empresas, con la ventaja adicional de que el emprendedor acreciente su riqueza y permita la realización personal de los seres humanos relacionados con ese emprendedor.

Es común en la literatura académica que el empresario sea reconocido por su visión, su audacia, la capacidad de ver lo que otros pasan por alto, su habilidad para identificar oportunidades, la responsabilidad para con él mismo y la sociedad, la eficiencia y la eficacia. Para los grupos sociales donde actúa el empresario es ¿debería ser?, guía en los nuevos caminos, ejemplo de comportamiento, apoyo en la educación, promotor de la inversión, soporte de la investigación y motor de la economía. Por ello, sus esfuerzos deben superar la creación de pymes en el sector informal, ineficientes, con baja productividad y de subsistencia. En consecuencia, más estudiantes y egresados del sistema de educación superior podrían decantarse por la creación de empresas con ideas innovadoras, mejores conocimientos técnicos y de gestión, altos estándares éticos y conciencia de su responsabilidad con la sociedad. Es deseable que sean cada vez menos quienes emprendan por necesidad.

A los espacios académicos tradicionales se podrían sumar didácticas apoyadas en Inteligencia Artificial IA, juegos de empresa, el análisis de las empresas de otros egresados, actividades para promover y fortalecer el trabajo en equipo, las visitas a empresas, el dialogo con empresarios y las prácticas empresariales. Además, deben incluirse los debates, los estudios de caso y por supuesto, el análisis sistemático y riguroso de los emprendedores que han fracasado una o varias veces, para superar el escenario idílico que muestran los medios y las universidades donde solo hay empresas -unicornios- que son la excepción a la regla.

Todo empresario debería rendir cuentas sobre su gestión empresarial puesto que ha sido beneficiario del sistema educativo, la infraestructura y múltiples formas de apoyo políticas, legales y económicas. ¿Cómo explicar las ganancias descomunales de algunas empresas junto con los indicadores de desigualdad más altos del mundo?[2]

Atención:

La tercera parte de las nuevas empresas colombianas se liquida antes de finalizar el primer año; más de veinte mil empresas se cierran al año por falta de experiencia, escasez de recursos y no plasmar la idea en un plan de negocio (Ver los informes de cierre de empresas de la Cámara de Comercio de Bogotá). Incluso al preparar en detalle el plan se hacen análisis deficientes de la competencia y proyecciones de mercado muy optimistas (Ver los reportes del Fondo Emprender). Este texto pretende dotar de herramientas a los emprendedores para que sus ideas empresariales y sociales se consoliden en el mediano plazo. Los proyectos empresariales y sociales de estudiantes y egresados de la educación deberían

---

[2] El Banco Interamericano de Desarrollo propone el emprendimiento como vehículo para la movilidad social, en particular, de las clases medias en Latinoamérica y de movilidad intergeneracional en Colombia. El documento es *Is Entrepreneurship a Channel of Social Mobility in Latin America?* escrito por Francesca Castellani y Eduardo Lora (colombiano), en 2013, disponible en medio virtual.

blindarse para trascender los negocios de autoempleo para la subsistencia.

Casi dos lustros después de la presentación de este libro los países con mayor producción intelectual sobre emprendimiento son Estados Unidos, Reino Unido, Alemania, Países Bajos, Australia, Canadá, España, Vietnam y Brasil, que han quintuplicado el número de artículos en revistas especializadas[3]. ¿Qué temas tratan? Van desde aspectos teóricos y empíricos relacionados con las acciones empresariales y el rendimiento de las organizaciones, los procesos de causa y efecto, la innovación, la incertidumbre, la creación y el descubrimiento de oportunidades.

La segunda edición de este documento se dirige a quienes cursan espacios académicos de emprendimiento, creatividad e innovación, y esa minoría que tiene en mente emprender proyectos empresariales y sociales. Se pretende acercar las algunas herramientas a los emprendedores de la educación superior para que sus ideas empresariales y sociales se consoliden en el mediano plazo, estén preparados para trascender los negocios de autoempleo y lograr una subsistencia exitosa. El texto contiene un sólido marco teórico, modelos y textos fundamentales de emprendimiento y la empresa para explicar el fenómeno emprendedor y sus características; se acompaña de la descripción de las etapas de

[3] Ver Ávila et al (2023), análisis de la acción emprendedora desde la bibliometría.

creación de la empresa y un análisis crítico de ella. Quien emprende es una persona creativa, por lo cual en el capítulo dos se muestran las principales características de la creatividad; la innovación es poner en práctica la creatividad y el capítulo tres se hace un breve recorrido por la historia de la innovación y sus prácticas. En el cuarto capítulo se presentan los apoyos que hay para emprender en Colombia. En el quinto capítulo se presenta el emprendimiento en la práctica, con guías para buscar ideas, recursos para conocer las capacidades emprendedoras, enlaces a páginas de creatividad y patentes. En el capítulo sexto se presentan apoyos para los emprendedores sociales, incluidos algunos modelos de formulación de proyectos. Finalmente, en el séptimo capítulo hay herramientas para quien quiere ser empresario, las guías de plan de negocio del Fondo Emprender y de la Universidad de Nebrija de Madrid, y otros modelos virtuales.

Otro libro de emprendimiento, ¿por qué?

Emprender es una forma de vida que se orienta a la solución creativa de problemas y refuerza las características de las personas que aspiran a controlar su vida. Las personas emprendedoras ven lo que otros ignoran, aprovechan las oportunidades, se enfrentan a los problemas, pueden comunicar mejor sus ideas, tienen capacidad de trabajar en equipo, aceptan las consecuencias de sus actos, gestionan recursos con eficiencia con el fin de lograr beneficios de los que, de manera no siempre consciente, se benefician las sociedades que los rodean.

Los inventores solitarios de los siglos XVIII y XIX dieron pequeños pasos para crear empresas; se sumaron la educación y la innovación en el siglo XXI para contribuir en la construcción de grandes propuestas empresariales para el país. Hoy, el impacto de los pequeños negocios, que son la mayoría, con poca o ninguna innovación ha sido insuficiente para mejorar la productividad y la competitividad de Latinoamérica —algunos autores consideran que la informalidad reduce las tasas de crecimiento económico y genera más pobreza—, y en ello, puede contribuir el sistema educativo que hasta la fecha ha tenido un rol discreto que nos ubica entre los últimos países del continente en creación de riqueza con ¿indiferencia? de la sociedad y sus dirigentes (Ver los informes de competitividad en www.compite.com.co)[4].

Las iniciativas para incentivar el emprendimiento desde la educación son comunes en los países en desarrollo; su objetivo es el desarrollo económico, aunque no es fácil

---

[4] Según Juan Ricardo Ortega, a pesar de pagar impuestos muchas personas deben cubrir su salud y su educación en instituciones privadas con recursos propios. De 50 millones de colombianos solo 3.500 personas pagan impuestos de manera cumplida para financiar el 70% del recaudo de renta de toda Colombia, los demás ciudadanos contribuyen con 3 millones de pesos por persona, en promedio. La evasión de impuestos asciende a más 6 billones de pesos al año (Ver revista Semana de julio de 2014).

definir los alcances de la educación en emprendimiento y si su objetivo principal es la creación efectiva de empresas. La educación y su relación con el emprendimiento tiene dos enfoques: el estadounidense, concentrado en el entrenamiento y los pasos específicos para procesos de creación de empresa, y el europeo, cuyo objetivo principal es el desarrollo de la personalidad emprendedora.

La universidad puede apoyar los proyectos interdisciplinarios de creación de empresas y proyectos sociales de sus comunidades académicas[5]. Sería una forma más eficiente para combatir la pobreza y la desigualdad, que en un escenario con tantos recursos no tiene justificación moral. Empresas de origen *inter* y *transdisciplinar* pueden contribuir a la creación de una sólida infraestructura y mejorar la competitividad. El emprendimiento es importante para el Estado, puesto que se

---

[5] El *think tank* Fedesarrollo propone para emprender, una institucionalidad publica coordinada y articulada con los demás actores del sistema, incluyendo las empresas, y universidades y centros de investigación; el financiamiento; talento humano para liderar los proyectos de emprendimiento dinámico; el desarrollo o transferencia de avances científicos y tecnológicos a través de la investigación teórica o aplicada; propagación de una cultura de innovación y emprendimiento; un entorno competitivo que facilite la generación de emprendimiento y la consolidación de empresas. Ver este documento extensible al resto del continente "Innovación y emprendimiento en Colombia: balance, perspectivas y recomendaciones de política, 2014-2018" de Hernando José Gómez y Daniel Mitchell, de marzo de 2014, disponible en medio virtual.

pasa de competir por bienes y servicios de menor valor agregado con países de bajos ingresos en una economía cerrada, Colombia y otros países pasaron a mercados abiertos y competidores más sofisticados.

La educación en emprendimiento debería crear y reforzar sentido de propiedad y resultados, robustecer la sensación de libertad y control personal para que pasen cosas, maximizar las oportunidades para que los individuos asuman responsabilidades y cumplan tareas, robustecer la noción de responsabilidad y ver a través de las cosas, tener una orientación hacia la excelencia a partir de *stakeholders* (escuela, padres, gobernantes, comunidad local, iglesia, autoridades y asociaciones comunitarias, entre otros) y brindar, apoyo para establecer redes. Por tanto, la educación en emprendimiento debe formar para soportar la ambigüedad y permitir los errores como posibilidades de aprendizaje, fomentar el pensamiento estratégico previo a la planeación formal, enfatizar la importancia de la construcción personal y las relaciones como base de la gestión.

¿Quiénes pueden enseñar a emprender? Personas que no hayan perdido la pasión por aprender cada día, y, por lo tanto, tienen la voluntad de aprender a ser emprendedores junto con sus estudiantes. ¿Enseñan a emprender en las licenciaturas y maestrías en educación?, ¿deberían estudiar los profesores lo que van a enseñar a sus estudiantes? Una persona que quiera enseñar emprendimiento debe tener rasgos personales como la capacidad para comunicar y negociar, ser independientes, tener liderazgo, tener capacidades de racionalización, planificación y profesionalismo, para generar ambientes donde prime la confianza. Quien enseñe a emprender debe tolerar la incertidumbre y transmitir esas habilidades, aprender de los errores y de las experiencias. Sus didácticas deben favorecer la solución de problemas de maneras creativas, la capacidad de persuadir y la habilidad de convencer a otros. Es posible que los profesores que hoy enseñan emprendimiento no hayan creado empresas, empero, la habilidad de crear empresa no parece sustituir las habilidades de enseñar; en cualquier caso, todo profesor debería conocer varias metodologías de formulación de proyectos y los planes de negocio.

¿Cómo evaluar la enseñanza en emprendimiento? Por el número de ideas que se llevan a la práctica como proyectos o como empresas de quienes han cursado los espacios académicos de emprendimiento, los sectores donde se han creado las empresas –de preferencia en los sectores primario y secundario[6]-, el tiempo que transcurre entre la formación y el inicio de la empresa atribuible al curso y evidencias de la

[6] Mauricio Cárdenas, exministro de hacienda de Colombia, reconoce que la industria colombiana y su sector agrícola no son dinámicos, y la minería es incapaz de impulsar el aparato productivo; ello mantiene a Colombia en el subdesarrollo y obliga a buscar nuevos sectores que dinamicen la economía y generen empleo digno sin el cual es imposible reducir la pobreza y la inequidad (Ver el libro Qué hacemos con Colombia de Jorge Emilio Sierra, Planeta, 2006, donde los principales dirigentes de Colombia proponen visiones de futuro).

duración de las empresas fundadas, el número y calidad de empleos generados —en lo posible empleos dignos en salarios y condiciones de trabajo-. Otras formas indirectas pueden ser las personas que egresan de esos cursos y sus calidades humanas, o el número de actividades *intraemprendedoras*. Por supuesto, los programas de enseñanza del emprendimiento requieren procesos rigurosos de autoevaluación (Comisión Europea, 2009).

Estructura del texto

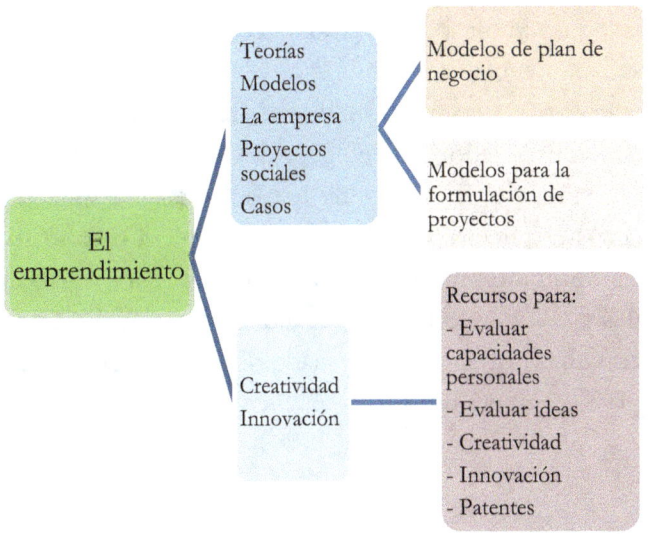

1 EL EMPRENDIMIENTO

La verdadera respetabilidad no nace de la voluntad de la mayoría sino del recto razonar.
Alain de Botton

Emprender implica acometer y comenzar una obra, un negocio o un empeño, en especial si encierran dificultad o peligro. Emprender -hablando de sitios- significa tomar el camino con resolución de llegar a un punto. Emprendedor es quien comienza con resolución acciones dificultosas o azarosas, es decir, se aventura. Emprender significa empezar una cosa que implica trabajo o presenta dificultades, o emprender un negocio.

Emprender expresa en francés el hecho de estar listo a tomar iniciativa; emprendedor era el guerrero que acometía una lucha o hazaña, y el rey o jefe de Estado que reflexionaba y planeaba sus estrategias y medios para obtener con éxito sus metas; el primero se reconocía por sus características personales y el segundo por sus funciones. En el siglo XVIII quien acometía proyectos diferenciado del dueño del capital y en el siglo XIX quien innovaba.

Las emprendedoras

Las mujeres creadoras de empresa y propietarias son dueñas de casi el 30% de empresas en Estados Unidos, de 40% en Canadá, 25% en Reino Unido. ¿Cómo son las mujeres empresarias? Las primeras empresarias eran propietarias de empresas que extendieron los servicios domésticos al mercado, mientras que una segunda generación consideró a la empresa como una posibilidad de vida en medio del competido mundo industrial; además, sus aspiraciones eran relativamente modestas en círculos donde no dominaba el hombre de manera tradicional —ventas al por menor, por ejemplo- con bajos crecimientos y en ambientes de segregación de género (Pardo-del-Val, 2010).

Las mujeres emprendedoras y propietarias de empresas han logrado reconocimiento como generadoras de empleo y crecimiento potencial; hay 10 millones de mujeres empresarias en Europa y 6.4 millones en Estados Unidos que generan 9.2 millones de empleos. Portugal, Canadá, Estados Unidos y Polonia son los países con más mujeres emprendedoras, mientras que Turquía, Irlanda y Dinamarca es donde menos mujeres crearon empresa. El alcance de las propuestas emprendedoras de las mujeres depende de su estatus en la sociedad y de otras fuerzas como el contexto político, la estructura institucional, las políticas sobre familia, las fuerzas de mercado y los individuos (Gámez, 2013).

Emprendedor es el adjetivo que se asigna a la persona que tiene iniciativa y decisión para emprender negocios o acometer empresas. Un emprendedor, según Schumpeter, no es inventor, ni científico, ni dueño de capital, es un innovador, quien hace procesos de cambios sociales y tiene carácter multidimensional. El emprendedor asume un proceso constante de innovación, valioso por sí mismo y no por sus resultados. Es entonces el emprendedor una persona que toma los riesgos que encierra la creación de empresa: ve y capitaliza esfuerzos o negocios rentables.

Los emprendedores son individuos que imaginan y llevan a la práctica nuevas respuestas a los problemas que enfrentan las sociedades a través el tiempo. Los emprendedores están atentos a las oportunidades para descubrir necesidades insatisfechas y seleccionar fórmulas apropiadas para satisfacerlas.

1.1 Tipos de emprendedores

La libre empresa no puede justificarse únicamente por ser un buen negocio. Solo se puede justificar porque es buena para la sociedad.

Peter Drucker

El **emprendedor social** pretende promover y sostener algunos valores, busca nuevas oportunidades, sigue procesos de innovación y tiene alto sentido de responsabilidad en el trabajo social (Moriano, 2005). Es una forma de utilizar las habilidades para resolver problemas sociales. Una de las propuestas más conocidas es Ashoka, organización fundada en 1980 con la finalidad de promover el cambio social invirtiendo en emprendedores sociales con soluciones innovadoras que sean sostenibles y replicables, en los ámbitos nacional y mundial (ver www.ashoka.org).

Emprendedores sociales

Florence Nighttingale fue una enfermera inglesa que prestó sus servicios en la guerra de Crimea, hacía las rondas nocturnas con una lámpara, sentó las bases de la profesión y abrió la primera escuela de enfermería. En Colombia, Ramiro Uribe, médico que presta sus servicios en la Guajira a los miembros de la comunidad wayüu. Silvio Ruiz, en la actividad del reciclaje, trabaja por la dignificación de quienes trabajan en este sector. Alberto Fergusson, desde la Psiquiatría, trabaja en nuevas formas de atención de los enfermos mentales. Mario Mejía, agrónomo, es considerado el padre de la agricultura orgánica en Colombia, incluye en sus prácticas el uso de la minga en remplazo de la falta de dinero. Javier González, pedagogo, propuso un juego para aprender a leer y escribir. Es reconocido en el mundo por acercar a los analfabetos más pobres a la posibilidad del conocimiento; más de medio millón de colombianos salieron del analfabetismo con sus creaciones lúdicas. Mirna Rosa Herrera, educadora, enseña a través de las rimas y versos. Javier de Nicoló, religioso de origen italiano, ha sacado de las calles a miles de *gamines* a través de la educación y el acompañamiento. Omaida Hernández, víctima del desplazamiento forzado por la violencia, trabaja para generar nuevas condiciones para rehacer su vida y la de más de cien familias que han sufrido la violencia[7].

El **intraemprendedor** es un empleado que se propone convertir ideas en realidad rentable dentro de una organización (empresa privada, empresa del Estado, universidad y ONG, entre otras). Requiere condiciones específicas que alienten el logro de sus objetivos, como recompensas, espacios para sugerir, intentar y experimentar, asumir las responsabilidades y definición de la propiedad de

---

[7] Roberto Gutiérrez en el libro "Colombianos que cambian el mundo" (2013), muestra los ejemplos de varios emprendedores sociales que buscan problemas para darle soluciones.

las ideas). El *intraemprendedor* asume la responsabilidad de producir innovación dentro de la empresa porque tiene capacidad para buscar y recoger información, habilidad para manejar riesgos, facilidad para establecer relaciones, facultad de tomar decisiones en la incertidumbre, liderazgo y capacidad de aprender de la experiencia (Hisrich *et al*, 2005, Pinchot, 1985).

¿Ser empleado?

La paso bien. Mis preocupaciones se quedan en la oficina.

Puedo decidir si aprendo o no.

No todo es dinero. No es fácil ganar y acumular dinero.

No tengo problema en depender de alguien. Puedo seguir instrucciones.

Desde mi puesto puedo ser útil a la empresa y a la sociedad.

No necesito demostrar a nadie lo que sé.

Mi puesto es ideal para ganar respeto y valoración.

No es necesario ser el mejor. No me gusta mucho ser competitivo.

Dependiendo de otros puedo realizarme.

La rutina está bien. No me interesa hacer demasiadas cosas diferentes o nuevas.

El emprendedor **público** emerge en el sector estatal como agente de cambio que fomenta la innovación institucional. Proponen reformas a lo público, intentan trasladar la cultura de empresa al sector estatal, tienen orientación al servicio social, buscan la asociación de lo público con la sociedad civil y pretenden cubrir las necesidades insatisfechas de la población (Cámara de Comercio, 2003; Moriano, 2005).

El emprendedor **creador de empresa** privada puede ser emprendedor por empuje (insatisfecho con su trabajo actual decide arrancar un negocio), o emprendedor por atracción. Es posible clasificar los emprendedores por vocación (individuos que tienen el impulso de crear empresa), y emprendedores por necesidad (fundan un negocio impulsado por sus circunstancias). En Latinoamérica los emprendedores actúan en el sector formal o informal.

Hay emprendedores que crean empresa por especulación (busca beneficios rápidos), como forma de vida, por plusvalía -generan sustentabilidad[8]- y emprendedores de futuro -utilizan estrategias de largo plazo- (González, 2007).

Marcelo Tinelli (1960) nació en San Carlos de Bolívar, Argentina. De familia humilde, trabajó en programas radiales de fútbol; pasó a presentar el programa *Videomatch* –juegos-,

---

[8] El mundo es finito y los recursos se ha utilizado de manera intensiva en los últimos 10.000 años con la actividad agrícola; los recientes cien años han sido el apogeo del petróleo y el carbón. La combinación de aumento poblacional, el aumento del consumo y la globalización de la economía puede ser una explicación al cambio climático y para algunos es parte de la solución. Se recomienda el libro El mundo finito de Carlos Amador (2010).

que luego incluyó videos caseros y humor que lleva más de veinte años de transmisión en varios países. Tinelli creó su empresa productora que produce series, telenovelas y otros programas.

Richard Branson inició su vida empresarial con la revista *Student*, luego una tienda de discos *Virgin*, y hoy tiene empresas de aviación, telefonía, televisión y radio.

Arianna Huffington cofundadora de la página web *The Huffington Post*, que después fue comprada por un gigante de los medios. Empezó como columnista, pasó por la política y participó en la creación de este portal de noticias.

El **emprendedor rural** –no solo en el sector agrícola- potencia el desarrollo rural nacional; en su desempeño intervienen factores biológicos -clima, suelo, topografía-, factores económicos -costos, ingresos y la posibilidad de beneficios-, y factores sociales -disponibilidad de mano de obra, ingresos, nutrición y vivienda-. En Colombia los emprendedores rurales tienen mayor campo de acción en el sector primario informal –economía de subsistencia-. Ello ha propiciado propuestas como Utopía de la Universidad de La Salle (ver utopia.lasalle.edu.co).

El *e-Entrepreneurship* se refiere al emprendedor de la era del conocimiento que crea empresas en Internet; conocen la virtualidad, y manejan diferentes consumidores, proveedores y competencia (Manuel, 2006); en el siglo XXI los

emprendedores pueden incorporar los avances de
Inteligencia Artificial en su gestión.

1.2 QUÉ CARACTERIZA AL EMPRENDEDOR

Emprendedor es quien, en un lugar y en condiciones
específicas, gesta y pone en marcha las nuevas empresas que
renuevan el tejido empresarial de una sociedad con los
positivos efectos que ello implica. El emprendedor que crea
empresa aprovecha un hueco en un mercado, se beneficia de
los resultados de una investigación, utiliza I + D + i como
ventaja competitiva y tiene capacidad de acción. Un
emprendedor se preocupa más por el presente y futuro, la
planificación, la organización, la eficiencia, y cree en la
tecnología.

Habilidades del emprendedor[9]
-     Ambición
-     Visión
-     Iniciativa
-     Energía
-     Capacidad de trabajo
-     Resistencia
-     Flexibilidad
-     Busca el equilibrio entre la reflexión y la acción
-     Inteligencia
-     Capacidad de autocrítica
-     Sabe manejar el hoy y el mañana
-     Sabe vender y persuadir
-     Seductor e influyente
-     Sabe hacer amigos y mantiene los contactos
-     Insiste, persiste y nunca desiste

Las metas que se fija ese emprendedor son moderadas y para su logro, requiere retroalimentación. Al solucionar problemas el ser humano recupera información de la memoria y hace predicciones, es decir, extrapolaciones a partir de las vivencias y experiencias (ver tabla 1). El emprendedor es apasionado y tiene fuerte motivación, se orienta al logro de resultados, corre riesgos, le gusta competir, asume

[9] A partir de Ventura y Coerbeto (2008).

responsabilidades, y no se conforma (McClelland, 1970, 1989; Punset, 2006).

Tabla 1. Cualidades del emprendedor

1)	Deseos por lograr objetivos
2)	Autoconfianza
3)	Perseverancia
4)	Dedicación
5)	Capacidad de asunción de riesgos calculados y controlables
6)	Capacidad organizativa
7)	Iniciativa
8)	Capacidad de adaptación
9)	Optimismo
10)	Buen comportamiento social
11)	Formación adecuada
12)	Capacidad de gestión
13)	Visión global
14)	Ambición
15)	Necesidad de independencia.
16)	Deseo de servicio

Fuente: elaboración propia a partir de Curbelo y López (2007)

Los primeros empresarios cumplían las funciones de planear, organizar y dirigir. Con el crecimiento del mercado, el aumento de la demanda de bienes y servicios tuvo que contratar más personas y delegar funciones.

Tabla 2. Algunas experiencias de emprendedores[10]

a)   Tuve experiencias previas a la creación de mi empresa
b)   Vi la realidad que se mueve en términos comerciales que uno nunca ve en la universidad
c)   Sabíamos técnicas de procesamiento, de confección, que de alguna forma nos han ayudado
d)   Desde segundo semestre en la universidad nos conocimos y la visión de él, a pesar que es tan diferente, es hacer empresa.
e)   Opté por salirme de mi empleo, renuncie me dedique de tiempo completo a la creación de mi empresa. Yo tenía una posición muy importante en el banco, ganaba muy buena plata, pero lo que me apasionaba era lo que podía llegar a ser mi empresa.
f)   Yo estudie en otro país. Inicié vendiendo manillas, me ayudaba para mi universidad; luego me enviaban productos de Colombia y los vendí hasta cuando terminé mi carrera y volví al país. Trabajé un tiempo como empleado, conocí a mi novia y decidimos

[10] Grupo de cuarenta y seis emprendedores entrevistados por el autor entre 2009 y 2023.

retomar la idea de la empresa.
g)   Hubo fracaso en mi primer restaurante. Pero sigo insistiendo con mis ideas de negocio.
h)   Había visto a mi papa y a toda mi familia fundar restaurantes y otros negocios pues lo lleva uno como en la sangre el tema de hacer empresa.
i)   No todo es negativo porque le deja a uno muchas enseñanzas: conocer un sector, conocer el negocio le sirve a uno para futuros proyectos.

Fuente: elaboración propia.

1.3   SUS DEBILIDADES

Una debilidad del emprendedor es ver solo aspectos positivos de la idea de negocio, no diferenciar entre idea, empresa y producto, no medir sus limitaciones, no diferenciar amistad de negocios y creer que, una vez consolidada la empresa caben todos sus familiares y amigos. Otras flaquezas incluyen la creencia de que se puede ser eficiente en todas las tareas que asume, esperar la perfección de los demás, la extrema confianza en sí mismo que puede bordear la terquedad, y trabajar en exceso en espera de que los demás lo sigan en perjuicio de otras facetas de su vida.

Mitos sobre los emprendedores

Hay varios mitos en torno al emprendedor: El emprendedor nace y no se hace. Aunque no todos los individuos pueden ser emprendedores sí se pueden aprender algunas de esas habilidades. El emprendimiento es enseñable y se puede convertir en una habilidad rutinaria, aunque en las escuelas de negocios del mundo se muestra solo como plan de negocios. Al emprendedor le gusta el riesgo, sin embargo, quien aborda la solución de problemas lo asume de manera razonable porque lo valora y cuenta con habilidad para manejarlo, lo sabe diferenciar de la incertidumbre y planifica a largo plazo. El emprendedor está motivado por el dinero y afán de riqueza, pero, son más importantes las satisfacciones personales y poder actuar con libertad e independencia (Gámez, 2010; 2013).

Esas debilidades se reflejan en dos riesgos: fracasar o subsistir. Los errores más comunes de los emprendedores nacen de asumir que una idea más dinero se puede convertir en una empresa. Una vez inmerso en la naciente empresa y cuando las cosas no van bien, el emprendedor se aferra a su idea; el exceso de entusiasmo puede nublar su juicio y hacerle creer que los fallos de mercado se corrigen con pasión y mucho trabajo.

El fracaso de las micro y pequeñas empresas -ver gráfico 1- depende, en parte, de la inadecuada personalidad del emprendedor para los negocios, insuficiente formación, conocimientos y experiencia del emprendedor y su equipo de trabajo, hacer erróneas previsiones de futuro de las ventas y beneficios —peor aun, no hacerlas—, desconocimiento del funcionamiento del mercado, y una débil capacidad para lograr la confianza de inversores, clientes, proveedores y las personas de su empresa.

CREATIVIDAD Y PYMES

POR HACER HOY

PARA MAÑANA

TRANSFORMACIÓN
DIGITAL
CREATIVIDAD SOSTENIBLE
Y ÉTICA

ECOSISTEMAS DE
INNOVACIÓN

DISEÑO CENTRADO EN EL
USUARIO

CREATIVIDAD EN
MARKETING Y MARCA

CREATIVIDAD ÁGIL Y
FLEXIBLE

COLABORACIÓN
INTERDISCIPLINAR

EN TODO MOMENTO

PERSONALIZACIÓN Y ADAPTACIÓN

CREATIVIDAD EN EL TRABAJO A DISTANCIA
E HÍBRIDO

CONTAR HISTORIAS PARA CONECTAR

GRÁFICO 1 CREATIVIDAD Y PYMES

La experiencia del Fondo Emprender muestra que los emprendedores colombianos tienen dificultades en la identificación de la idea de negocio y muchos desconocen las técnicas para definir el problema. En cuanto al mercado se encuentran deficiencias en los estudios del plan de negocio expresados en estimaciones de la demanda y estrategias de mercado –casi siempre pecan de optimismo excesivo-.

1.4   ¿EMPRESARIO ES SINÓNIMO DE GERENTE?

Una primera diferencia entre empresario, capitalista y dirigente de empresa se refiere a que, el primero es quien compra los medios de producción a un precio, los combina y vende a otro precio no previsible al momento de combinar esos factores; la función de capitalista y dirigente no implica la asunción de mayores riesgos. El emprendedor empresario es el agente productivo que compra servicios de los demás agentes, los combina en el proceso productivo para generar bienes y servicios que tengan valor superior a la suma de los servicios utilizados, tema que en ese momento no constituía innovación en estricto sentido, y la recuperación de ese capital invertido y un beneficio.

Con el transcurso del tiempo la toma de decisiones no es solo responsabilidad del emprendedor; la compleja red de alternativas se distribuye entre el emprendedor, quien toma la iniciativa de crear la empresa, el capitalista, que aporta los medios físicos para llevarla a cabo y el administrador, que la gestiona. En las empresas pequeñas los tres papeles pueden ser desempeñados por una persona, mientras que en grandes organizaciones estos roles se distribuyen entre muchos individuos. El desarrollo del capitalismo hizo aparecer las grandes empresas con muchos accionistas y separó los intereses de propietarios y administradores; por supuesto, la última palabra es de los propietarios, pero los intereses de los administradores y su influencia no son deleznables. La división entre propiedad y gestión de las grandes empresas genera los problemas del riesgo moral y los costos de agencia. Hoy se estudian las formas como se integran las empresas de forma vertical y horizontal, cómo se amplía la producción a través de adquisiciones y franquicias, y la influencia de las instituciones.

Las franquicias. Nacieron en Estados Unidos en el siglo XX en la industria automotriz. Son formas de colaboración que permiten al franquiciado (usted puede invertir dinero en la nueva empresa) usar el saber del franquiciador (el dueño original de una idea de negocio que no quiere crecer más en estructura propia), que consiste en una idea de negocio ya probada, sus métodos de gestión y las estrategias exitosas. El concepto de negocio se puede repetir en otros espacios distintos al original, se transmiten los secretos de la idea, se trata de una marca reconocida, la propuesta es atractiva y tiene algún grado cierto de rentabilidad. Cuando el nuevo empresario tiene dudas de su idea puede acudir a ideas probadas, sin embargo, no puede hacer cambios en estos tipos de empresas.

De otro lado, no todo es positivo en la figura del emprendedor: Carlan *et al* (2007) muestran los rasgos negativos de los emprendedores, entre los que se encuentra la necesidad de control, los sentimientos de desconfianza, los deseos de aprobación y considerarse víctimas.

1.5 Teorías

La educación es el arma más poderosa para cambiar el mundo.

Nelson Mandela

El análisis de la actividad de los emprendedores y la empresa incluye el contexto cultural, las redes de contratos y el rol de los trabajadores. Las definiciones de emprendedor han partido de las preguntas ¿qué pasa cuando el emprendedor actúa?, ¿por qué actúa?, y ¿cómo actúa?

El primer tipo de definición lo han asumido los economistas para mirar los resultados de su acción en el sistema económico y el rol que desempeña en el desarrollo de los mercados. El segundo enfoque lo asumen las ciencias sociales como la Psicología y la Sociología estudiando al emprendedor como individuo, el comportamiento humano, su ambiente, metas, valores, y motivaciones. El tercer tipo de definiciones se analizan desde la Administración y estudian las características de gestión del emprendedor y cómo apunta a sus logros. Veciana (2001) amplió los alcances de estos enfoques:

TABLA 3. ENFOQUES TEÓRICOS DEL EMPRENDIMIENTO

Economía:	Función empresarial como cuarto factor de producción
	Teoría del beneficio del empresario
	Teoría de los costos de producción
	Teoría de los costos de transacción
	Teoría del desarrollo económico de Schumpeter
Psicología	Teoría de los rasgos de la personalidad
	Teoría *psicodinámica* de la personalidad del empresario
	Teoría del empresario de Kirzner
Sociología	Teoría de la marginación
	Teoría del rol
	Teoría de redes
	Teoría de la incubadora
	Teoría evolucionista
	Teoría del desarrollo económico de Weber
	Teoría del cambio social
	Teoría institucional
Administración	Teoría de la eficiencia
	Teoría del comportamiento del empresario
	Modelos de proceso de creación de empresa
	Modelos de generación y desarrollo de nuevos proyectos innovadores
	Corporate entrepreneurship

Fuente: elaboración propia a partir de Veciana (2001).

Desde la Economía

*Yo creo que los mercados son la base de cualquier economía próspera,
pero que no funcionan bien por sí solos.*

Joseph Stiglitz

La teoría económica clásica no estableció un consenso en cuanto al tema del emprendedor; asume que un individuo con ciertas aptitudes afronta la incertidumbre y el riesgo para lograr rentabilidad, por tanto, toma el riesgo, es un trabajador superior, muy inteligente e innovador. Caracterizado por invertir dinero para obtener beneficios y percibir ganancias inciertas, correr riesgos garantizados por el capital que ha acumulado y ha convertido en capacidad productiva, que intenta movilizar en búsqueda de mejores rendimientos a partir de diversas mezclas de los factores de producción.

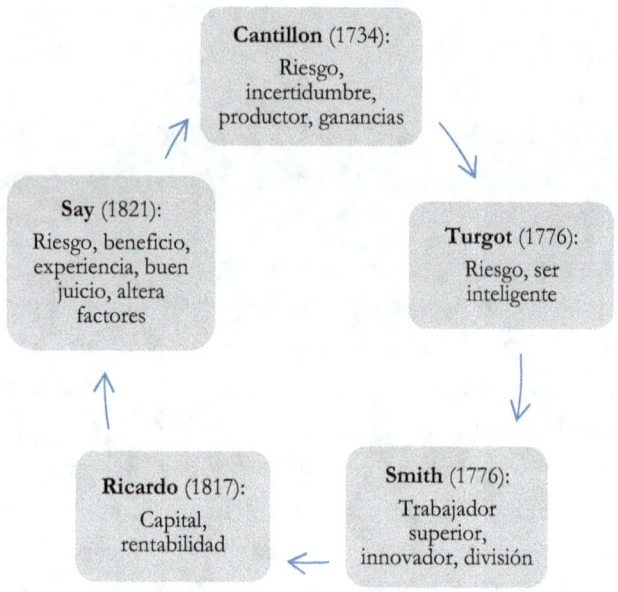

GRÁFICO 2 LOS CLÁSICOS DE LA ECONOMÍA

Emprender desde los neoclásicos puede incluir la habilidad de un individuo que en un ambiente político y social detecta necesidades de un posible consumidor, innova -hace nuevas combinaciones de recursos- a partir de expectativas de largo plazo, que diferencia incertidumbre de riesgo, y provoca cambios en el tejido empresarial y la sociedad. Emprendedor es un empresario tradicional o uno capitalista que desde la frugalidad intenta multiplicar su riqueza, un trabajador superior y egoísta, motivado por la ganancia y la vanidad, con impulso espontáneo a la acción o *animal spirits* que no solo crea empresas sino que las puede comprar, que atiende las necesidades del consumidor, y se diferencia de los gestores que cumplen rutinas, por tanto, sabe diferenciar incertidumbre de riesgo, es metódico, tenaz y enérgico, y en los países desarrollados busca más oportunidades.

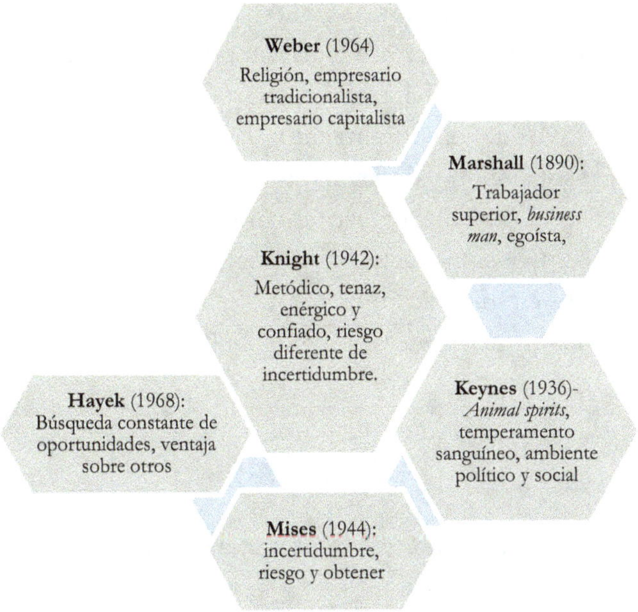

Weber (1964)
Religión, empresario tradicionalista, empresario capitalista

Marshall (1890):
Trabajador superior, *business man*, egoísta,

Knight (1942):
Metódico, tenaz, enérgico y confiado, riesgo diferente de incertidumbre.

Hayek (1968):
Búsqueda constante de oportunidades, ventaja sobre otros

Keynes (1936)-
Animal spirits, temperamento sanguíneo, ambiente político y social

Mises (1944):
incertidumbre, riesgo y obtener

GRÁFICO 3 EL EMPRENDEDOR SEGÚN LOS NEOCLÁSICOS

SCHUMPETER: EMPRENDER E INNOVAR

El emprendimiento es factor creativo en el proceso económico porque el emprendedor, en solitario, aporta ideas, percibe y explota oportunidades e innova -ver gráfico 4-; el progreso tecnológico y la empresa van ligados, y no pueden separarse. Emprendedor es quien propone un proceso y obtiene resultados, bien sea en el campo privado o en espacio público; la función del emprendedor es entonces asunto de voluntad y de comportamiento; la creación de empresa supone la aparición y desarrollo de nuevas posibilidades en el entorno económico, por ello el emprendedor es el corazón del proceso de innovación y si la creación de empresa no desemboca en innovación en ella no se ejerce la actividad del emprendedor (Rodríguez y Jiménez, 2007).

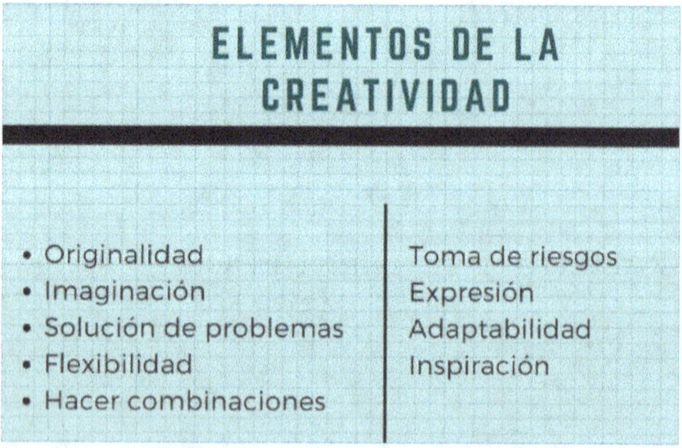

ELEMENTOS DE LA CREATIVIDAD

- Originalidad
- Imaginación
- Solución de problemas
- Flexibilidad
- Hacer combinaciones

Toma de riesgos
Expresión
Adaptabilidad
Inspiración

Gráfico 4 Elementos de la creatividad

La acción del empresario que busca oportunidades, crea fortunas y genera acumulación de riqueza, reorganiza de forma permanente el sistema económico y los estratos de la sociedad, impulsa el crecimiento económico. Hay un espíritu nacional que denota diferentes sistemas de ideas, creencias religiosas o no, actitudes corrientes caso ahorro, progreso económico, asunción de riesgos, trabajo físico e intelectual, y la igualdad.

La verdadera función de un emprendedor es la de tomar iniciativas y crear, más que ejercer la gestión o reunir factores de producción para obtener productos. La empresa es la acción de llevar a cabo innovación, y quienes la hacen son empresarios; así, nadie es empresario durante todo el tiempo y nadie puede ser solo empresario. Muchas empresas nuevas se fundan con una idea y una finalidad definidas; mueren por diversas razones -algunas porque disminuye su capacidad de innovación-; la innovación va asociada con el ascenso de nuevos hombres al liderazgo.

El progreso científico tiene capital importancia para Schumpeter, puesto que constituye la naturaleza de la función de emprendedor, facilita el reconocimiento y aplicación de nuevas posibilidades en el campo económico, la fabricación de nuevos productos o nuevas calidades de productos, la introducción de nuevos métodos de producción, el impulso de nuevas formas de organización de la industria, la conquista de nuevos mercados y el acceso a nuevas fuentes de aprovisionamiento (Rodríguez y Jiménez, 2007).

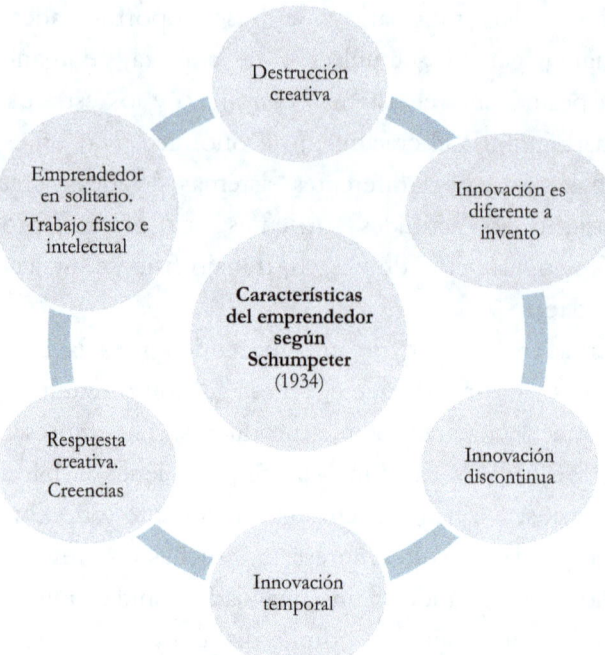

Destrucción creativa

Innovación es diferente a invento

Características del emprendedor según Schumpeter (1934)

Emprendedor en solitario. Trabajo físico e intelectual

Innovación discontinua

Respuesta creativa. Creencias

Innovación temporal

GRÁFICO 5 EL EMPRENDEDOR SEGÚN SCHUMPETER

La innovación implica combinar los factores de producción de una nueva forma, es decir, si una cantidad de producto cuesta menos de lo que costaba sin disminución de los factores, eso es innovación. La innovación no es sinónimo de invento, un emprendedor no es el inventor. La innovación genera nuevas oportunidades de inversión, particularmente en sectores cercanos y con efectos en la economía. Las innovaciones contribuyen de alguna manera en los ciclos económicos por el volumen de personas que se aventuran en negocios, el sector industrial donde ocurre la innovación y los intereses de los capitalistas que financian la actividad emprendedora.

La destrucción creativa supone reformar o revolucionar la estructura de producción explotando un invento, o una posibilidad tecnológica que no ha sido probada para producir nuevos artículos, o producirlos de una nueva forma, abriendo nuevas fuentes de materias primas con reorganizaciones sucesivas en la industria.

El freno a la innovación proviene de la resistencia del entorno -ver gráfico 6-, la repetición de actos rutinarios y la inhibición para transitar nuevas sendas.

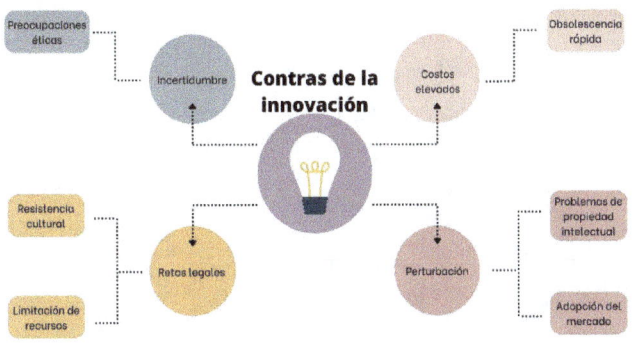

GRÁFICO 6 CONTRAS DE LA INNOVACIÓN.

Schumpeter no contempló los mecanismos para descubrir nuevas oportunidades y no estudió los mecanismos para favorecer la innovación. Un emprendedor toma la iniciativa, crea y da respuesta creativa a los problemas con nuevas prácticas de innovación en nuevos negocios haciendo reorganizaciones permanentes en un sistema económico, que tiene fuerza de voluntad y valora el progreso científico; previó los avances científicos y la innovación a partir de los expertos, aunque el emprendedor no perdería todo el protagonismo.

KIRZNER, CÓMO RECONOCER OPORTUNIDADES

Israel Kirzner complementa a Schumpeter en el sentido de que a partir del conocimiento nuevo se encuentran nuevos usos de ese saber. Este economista describió la propensión de los seres humanos para descubrir el conocimiento útil y sus límites, conocimiento que llamó propensión emprendedora.

GRÁFICO 7 EMPRENDER A PARTIR DE KIRZNER

El emprendedor persigue sus fines de manera eficiente, con impulso y perspicacia. Acuñó el término *entrepreneurial alertness* para explicar la capacidad de ver dónde faltan bienes o servicios. Esta capacidad aparece cuando el individuo tiene dentro de sí el valor para darle a los recursos lo que otros no pueden darle.

Una emprendedora lasallista
Una egresada de Administración de Empresas de la Universidad de La Salle tuvo padres y hermanos emprendedores. La empresa fundada por su padre acabó con su muerte. A partir de la liquidación ella tomó los recursos de la herencia y creó su propia empresa, que retoma las ideas del fundador. Contrató a sus hermanos que tienen conocimiento específico sobre ingeniería, pero no de negocios: hacen vías y obras mientras que la emprendedora gestiona la empresa y se dedica a la consecución de nuevos negocios. A principios de 2024 estaban generando 120 empleos[11].

Kirzner diferenció el conocimiento emprendedor y el conocimiento de expertos; los expertos no reconocen el valor del conocimiento o las formas en que se puede convertir en

---

[11] Entrevista de Diana Ballén, egresada de Administración de Empresas.

beneficios económicos cómo sí lo hace el emprendedor y valora la oportunidad de ese saber para generar rentas. La característica importante de la empresarialidad no es tanto la capacidad de apartarse de la rutina como la de percibir nuevas oportunidades que otros aún no han advertido.

INSTITUCIONALISMO Y EMPRENDIMIENTO

El resultado de mercados eficientes sólo se obtiene cuando las transacciones no tienen costo. El tamaño y características de una empresa dependen de la tecnología y, en distintos grados, de los costos de transacción. Si las instituciones promueven un ambiente institucional flexible se genera un clima favorable para las inversiones, llevadas adelante por sujetos emprendedores que asumen razonablemente los riesgos derivados de cualquier actividad económica.

Hernando de Soto cree que el espíritu empresarial y la vocación de mercado de las personas son idénticos a las del resto del mundo; otorga capital importancia a la ley en los países de occidente, por ello, la ley debe recoger e integrar las costumbres extralegales de las sociedades a fin de garantizar su devenir pacífico. Sin embargo, la debilidad de las instituciones que faciliten la compra, alquiler o venta de los activos, elevan los costos de transacción (De Soto, 2000).

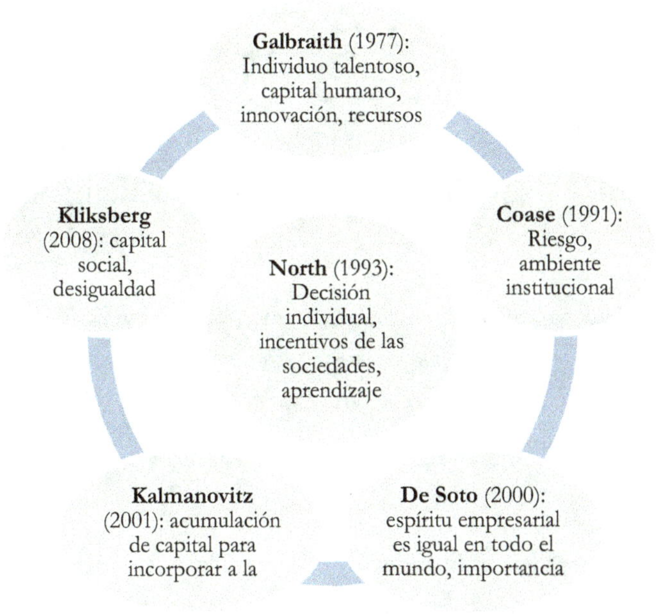

Galbraith (1977): Individuo talentoso, capital humano, innovación, recursos

Kliksberg (2008): capital social, desigualdad

North (1993): Decisión individual, incentivos de las sociedades, aprendizaje

Coase (1991): Riesgo, ambiente institucional

Kalmanovitz (2001): acumulación de capital para incorporar a la

De Soto (2000): espíritu empresarial es igual en todo el mundo, importancia

GRÁFICO 8. EL EMPRENDIMIENTO SEGÚN LOS INSTITUCIONALISTAS

En Colombia Salomón Kalmanovitz (2001) analiza las instituciones sociales, económicas y legales colombianas y su deterioro en el último siglo. Las leyes pueden ayudar a democratizar la vida política de un país, garantizar eficiencia y disminuir la impunidad para hacer que el crimen sea menos rentable, y favorecer el cumplimiento de los contratos.

El nuevo institucionalismo económico estudia el rol que asumen las instituciones y la forma cómo evolucionan para coadyuvar en la formación de empresarios y el potencial empresarial que se pueda desarrollar en una sociedad. Las instituciones eficaces pretenden minimizar los costes de transacción derivados de la búsqueda de información.

2 Emprender, según la Sociología

Los estudiantes universitarios en los primeros semestres suelen resistirse a las exigencias académicas, cuando están a punto de graduarse, se preocupan por las fallas de formación.
Antanas Mockus

Los sociólogos muestran que la cultura y el contexto son determinantes del emprendimiento y este se puede aprender. Según Weber, fueron los comerciantes y las clases medias los más inclinados a ser empresarios, y sugirió una relación entre las creencias religiosas y la actividad económica.

El emprendimiento es más una decisión individual y necesita de los grupos sociales para su realización, porque las oportunidades de éxito se pueden favorecer con el soporte de las redes de apoyo. El emprendedor puede ser empresario tradicionalista o capitalista -un multiplicador de su riqueza-, que desbarata y reorganiza los patrones existentes de producción en pos de compensaciones sociales y prestigio. Es, además, un individuo con capacidades complejas, habilidades prácticas y experiencia para explotar las oportunidades.

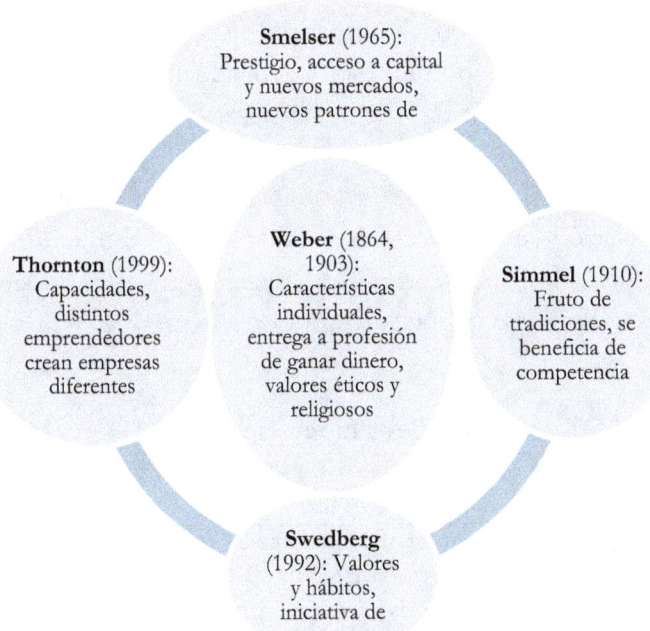

GRÁFICO 9 LOS EMPRENDEDORES SEGÚN LA SOCIOLOGÍA

Las regiones y países se diferencian en las formas de emprender y crear empresa; en particular por la cultura, las leyes, los conocimientos y las forma de valorar la actividad emprendedora. No obstante, hoy se crean nuevas empresas desde las organizaciones existentes, empresas de capitales de riesgo y por iniciativa de los empleadores.

3   LOS EMPRENDEDORES DESDE LA PSICOLOGÍA

Un emprendedor tiene rasgos característicos como la creatividad, el deseo de independencia, la capacidad de liderazgo, el oportunismo, individualidad, intuición, organización, capacidad de racionalización, planificación y profesionalismo.

Tiene, también, aptitudes y motivaciones (ver tabla), una interrelación entre necesidad de éxito y estructura de oportunidades, y desempeño diferente según esté en países industrializados o no industrializados.

Tabla 4. Algunas aptitudes y motivaciones

1.	En mi caso fue quedarme sin empleo y el deseo de ser independiente -no depender de patronos-.
2.	Ganas de mostrar que uno podía hacer cosas, me gusta hacer cosas que las otras personas no hacen, estar inconforme, quiero hacer mis propias cosas, me gusta tener mi equipo de trabajo, mi combustible son los sueños.
3.	Ser independiente, no depender de un empleador, ser autónomo, tomar decisiones simples y complejas para la empresa, es muy incómodo ser empleado. Me motiva ser capaz de desarrollar ideas propias y llevarlas a cabo
4.	Las motivaciones son los sueños que tú tienes, cumplirlos. Competir con otros que han logrado crear empresas con marcas reconocidas.
5.	La inconformidad o el cansancio de ser empleado.
6.	Mis padres siempre han sido independientes, toda mi familia ha sido emprendedora, la mayoría profesionales.
7.	Manejo mi tiempo, aunque no todo es trabajo: hay que

dedicar tiempo a la familia y a uno mismo.	
8.	La experiencia de mis papás; salir adelante, las obligaciones de sostener una hija y poner en práctica mis conocimientos.
9.	acer las cosas que uno quiere hacer del modo que uno quiere, ayudar a otras personas a través de la generación de empleo, liderazgo, me gusta ser reconocido socialmente.
10.	No me gusta que me manden, me hace feliz ver una persona consumiendo mis productos y saber que yo los creé.
11.	El dinero no es la motivación verdadera, es servir a los demás: muchas personas quieren crear empresas para volverse ricos pero no es esa la realización.
12.	Tener la oportunidad, control de horario, manejo de dinero, mejorar la calidad de vida de la familia.
13.	Generar empleo, crear algo diferente que llame la atención y le guste a la gente.
14.	Construir lo propio, una proyección a futuro, manejo del tiempo, implica más tiempo y más trabajo pero más flexibilidad para pasatiempos y otras cosas.
15.	Yo creo que hay un imaginario: uno sabe que está ahí y que se puede tocar.
16.	El uso de la corbata significa sumisión a otros, que evito siendo empresario.
17.	Tenemos la oportunidad y el conocimiento para hacer cosas, entonces empezamos.
18.	El emprendimiento es una opción de vida, y yo no encontraba el trabajo que quería.
19.	Trabajo en algo que creé, que quiero, asumo todos los riesgos.
20.	Confío en mismo, si no, no puedo ser emprendedor.
21.	Tener voluntad, convicción y orden.
22.	Trascender dentro de la familia, con los amigos.

| 23. | Hay libertades, pero también hay obligaciones. |
| 24. | Alcanzar metas que no alcanzo siendo asalariado. |

Fuente: elaboración propia

Un emprendedor tiene necesidad de éxito, intereses, estrategias, perspectiva cronológica y formas de percibir a las personas. Un emprendedor se ve influenciado por otras fuerzas modeladoras como la urbanización, los medios de comunicación de masas y la fábrica. El emprendedor necesita independencia, espera resultados y persevera y controlar su destino. Se podría caracterizar como emprendedor que crea empresa por convicción o por necesidad.

Una emprendedora cuenta su experiencia

En el programa académico de pregrado que Elizabeth cursó, no hubo contenidos teóricos ni prácticos de emprendimiento. Sin embargo, en la especialización de gerencia de mercadeo hubo un espacio académico que tocaba los temas de creación de empresa y en una feria empresarial ganó un premio que la hizo pensar en crear su empresa. Coincidió con la quiebra de la empresa en que trabajaba y ella, desempleada, compró todos los equipos de segunda mano; a partir de entonces, con conocimiento, equipos, poco capital y por necesidad, se creó la empresa de diseño gráfico y empaques especializada en flexografía que compite con las más grandes empresas del sector en

Bogotá. En el segundo año recobró la inversión y generó utilidades[12].

Para McClelland los grados de creación de empresa son diferentes en grupos de personas en condiciones similares y en países industrializados y no industrializados.

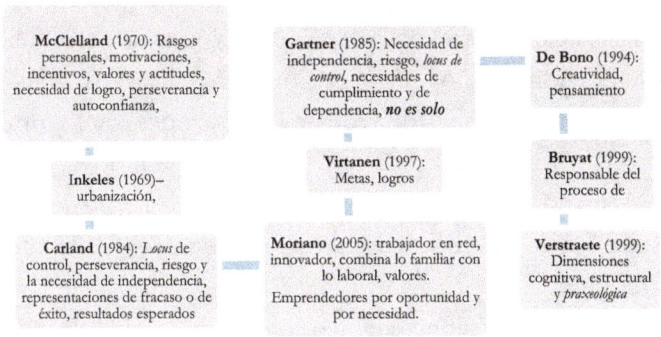

McClelland (1970): Rasgos personales, motivaciones, incentivos, valores y actitudes, necesidad de logro, perseverancia y autoconfianza,

Inkeles (1969)– urbanización,

Carland (1984): *Locus* de control, perseverancia, riesgo y la necesidad de independencia, representaciones de fracaso o de éxito, resultados esperados

Gartner (1985): Necesidad de independencia, riesgo, *locus de control*, necesidades de cumplimiento y de dependencia, *no es solo*

Virtanen (1997): Metas, logros

Moriano (2005): trabajador en red, innovador, combina lo familiar con lo laboral, valores.
Emprendedores por oportunidad y por necesidad.

De Bono (1994): Creatividad, pensamiento

Bruyat (1999): Responsable del proceso de

Verstraete (1999): Dimensiones cognitiva, estructural y *praxeológica*

GRÁFICO 10 UN EMPRENDEDOR DESDE LA PSICOLOGÍA

No se puede evaluar a una persona para establecer con certeza si será exitosa como emprendedora, aunque en ella se puedan identificar ciertas características y aptitudes.

---

12 Entrevista de Cristian Bernal, egresado de Administración de Empresas.

4   Los emprendedores y la Administración

Los académicos de la Administración definen al emprendedor como creador y gestor de empresa, que busca las formas de asegurar su permanencia en el tiempo a través del uso de métodos, prácticas y estilos de toma de decisión.

Los clásicos se encaminaron por la efectividad, la productividad, la eficiencia y la excelencia más que por el emprendimiento en sí mismo; es decir, el logro de la eficiencia se sustenta en la división del trabajo y la especialización. Drucker (1984) no creyó en la personalidad emprendedora sino en determinados rasgos de un emprendedor rodeado de redes e instituciones, que asume el rol de innovador, la mayor importancia de la innovación que de la tecnología, la innovación sistemática, el riesgo, el liderazgo, y lo que no debe hacer –ser astuto e innovar para el presente.

Porter destaca la innovación, el cambio tecnológico y la reducción de costes a fin de conservar la ventaja competitiva, y la importancia del empleado que descubre y explota interrelaciones, lo que hoy se llama *intraemprendimiento*; para Peters y Waterman (1984) la creatividad sin efectos es estéril.

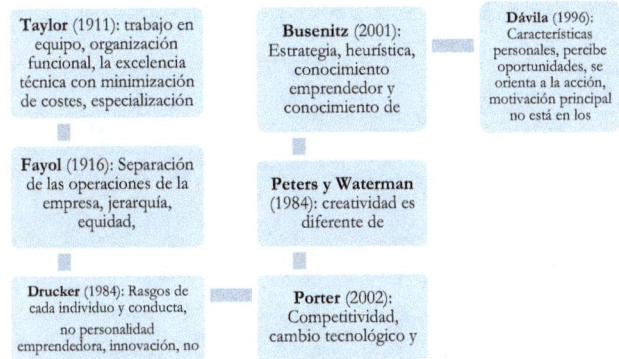

Taylor (1911): trabajo en equipo, organización funcional, la excelencia técnica con minimización de costes, especialización

Fayol (1916): Separación de las operaciones de la empresa, jerarquía, equidad,

Drucker (1984): Rasgos de cada individuo y conducta, no personalidad emprendedora, innovación, no

Busenitz (2001): Estrategia, heurística, conocimiento emprendedor y conocimiento de

Peters y Waterman (1984): creatividad es diferente de

Porter (2002): Competitividad, cambio tecnológico y

Dávila (1996): Características personales, percibe oportunidades, se orienta a la acción, motivación principal no está en los

GRÁFICO 11 EMPRENDEDOR DESDE LA ADMINISTRACIÓN

En Colombia Rodrigo Varela resalta varias características del empresario: identificación de una oportunidad, la creatividad e innovación en la puesta en marcha de esa oportunidad, la consecución y asignación de recursos, la participación en el diseño, montaje y operación de la propuesta, la asunción de riesgos en tiempo y prestigio personal, la inversión de tiempo, conocimiento y energía, la búsqueda de recompensas expresadas en beneficios monetarios y satisfacciones personales, la creación de riqueza y generación de empleo y la actuación con libertad e independencia. Las tendencias del siglo XXI se resumen a continuación

TEMAS DE INVESTIGACION EN EMPRENDIMIENTO

Gráfico 12 Investigación en emprendimiento en el siglo XXI

5 Modelos

Las teorías expuestas se recogen en diversos modelos. Entre ellos se destaca el modelo de *Global Entrepreneurship Monitor* GEM que mide el espíritu empresarial y la actividad empresarial, no las tasas de creación de empresas. Analiza a los emprendedores que crean empresa por oportunidad y por necesidad, los grados de innovación y los rangos de edad de los nuevos empresarios, entre otras mediciones.

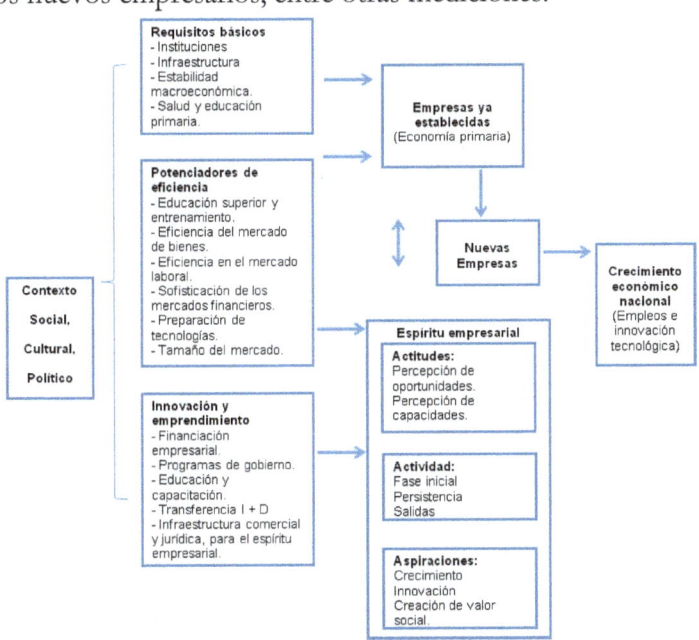

GRÁFICO 13 MODELO GEM REVISADO

El modelo mide a través de un índice la actividad emprendedora -*Total Entrepreneurial Activity* TEA de más de 60 países.

El profesor Varela propuso un modelo que contempla las competencias personales y los conocimientos del emprendedor, expresados en la creación de empresas y su crecimiento. Dentro de sus competencias –comportamientos esperados- están la visión de la carrera empresarial, sensibilidad social, orientación al logro, flexibilidad y orientación a la acción.

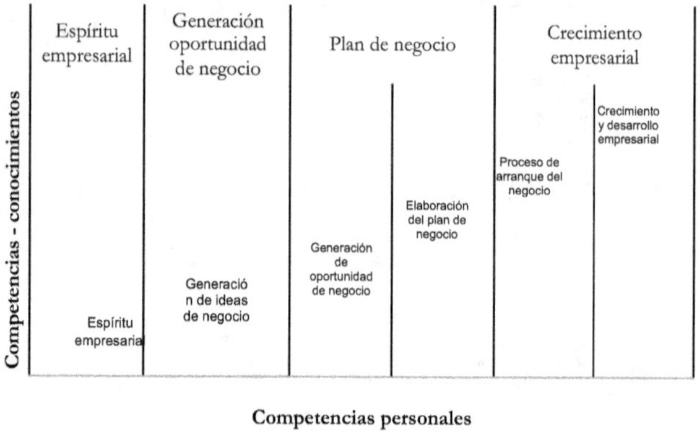

GRÁFICO 14 MODELO DE VARELA

Empresario es quien identifica la oportunidad, consigue los recursos, lleva a la práctica la creatividad, invierte recursos y tiempo, actúa con libertad, crea riqueza y genera empleo.

Los nuevos modelos incluyen la iteración de los emprendedores en redes, de manera que lo sacan de su aislamiento, complementan sus formas de pensamiento y le ofrecen retos para que aprenda a establecer relaciones de colaboración y confianza, construir para el largo plazo y maximizar sus recursos

6 RECURSOS PARA EVALUAR LAS CAPACIDADES EMPRENDEDORAS

Puesto que todos los seres humanos podemos ser creativos y emprendedores, a continuación, se presentan varias páginas con cuestionarios para medir sus capacidades emprendedoras:

a) Test de sociabilidad: www.psicoactiva.com/tests/personalidad.htm

b) Los cinco grandes test de personalidad: es.outofservice.com/bigfive

c) Test de personalidad en 41 preguntas: es.41q.com

d) Test personalidad online gratis: test-personalidad.onlinegratis.tv

e) Test del emprendedor 060.es: documentos.060.es/060_empresas/Test_emprendedor.html

f) Cámara de Comercio de Zaragoza - Perfil del emprendedor www.camarazaragoza.com/emprendedores/analisis/test-emprendedor.asp

g) Negocios y emprendimiento: https://www.negociosyemprendimiento.org

h) Emprendices: https://www.emprendices.co

i) Emprendedores: https://emprendedores.es

j) Mujeres consejeras https://www.mujeresconsejeras.com

k)	Ten tu logo – artículos https://tentulogo.com/blog-emprendedores/
l)	Dónde hay dinero para financiar https://www.kickstarter.com
m)	The Entrepreneur Quiz: www.liraz.com/webquiz.htm
n)	https://smallbiztrends.com/#google_vignette

7 TEXTOS FUNDAMENTALES

Estos textos son básicos para entender al emprendedor desde diversos enfoques teóricos. Se encuentran en internet.

1)   Mohd Rafi Yaacob (2010): *A Preliminary Study of Green Micro-entrepreneurs in Kelantan, Malaysia*

2)   Thomas Lans, Renate Wesselink, Harm J.A. Biemans and Martin Mulder (2004): *Work-related lifelong learning for entrepreneurs in the agri-food sector*

3)   Etienne St-Jean, Maripier Tremblay (2011): *Opportunity Recognition for Novice Entrepreneurs: The Benefits of Learning with a Mentor*

4)   Mungaray, Ramírez-Urquidy, Texis, Ledezma, Ramírez (2007): *Promoting Learning in Small Entrepreneurs and Higher Education Students Through Service Learning Programs*

5)   William D. Bygrave Maria Minniti (2003): *National Entrepreneurship Assessment. United States of America. Executive Report*

6)   Debbie Liao, Philip Sohmen (2001): *The Development of Modern Entrepreneurship in China*

7)   Inna Kozlinska (2011): *Contemporary Approaches to Entrepreneurship Education*

8)   Carole Howorth, Susan M. Smith, Caroline Parkinson (2012): *Social Learning and Social Entrepreneurship Education*

9)   Khondaker M. Rahman, Sheikh F. Rahman (2011): *Entrepreneurship Needs and Achievement Motivations of Descendant Latin-Japanese Entrepreneurs in Japan*

10)   Rosnani Jusoh, Babak Ziyae, Soaib Asimiran, Suhaida Abd. Kadir (2011): *Entrepreneur Training Needs Analysis: Implications On The Entrepreneurial Skills Needed For Successful Entrepreneurs*

11)   Sonata Staniulienė (2011): *Entrepreneurs' Networking for New Venture*

12)   José Luis Vázquez-Bllrgete, Ana Lanero, Agota Giedre Raisiene, María Purificación García (2012): *Entrepreneurship Education in Humanities and Social Sciences: Are Students Qualified to Start a Business?*

13)   Colin C. Williams, John Round, Peter Rodgers (2009): *Evaluating the Motives of Informal Entrepreneurs: Some Lessons From Ukraine*

14)   Shiralashetti A.S. (2011): *Financing of Small Entrepreneurs through SHGs in India*

15)   Allan Gibb (1998): *Educating Tomorrow's Entrepreneurs*

16)   Liyis Gómez, David Urbano y José María Veciana (2004): *Medidas de apoyo a la creación de empresas en el Caribe colombiano: análisis de la oferta y la demanda de servicios*

17)   Joop Hartog, Mirjam Van Praag, Justin Van Der Sluis (2010): *If You Are So Smart, Why Aren't You an Entrepreneur? Returns to Cognitive and Social Ability: Entrepreneurs Versus Employees*

18)   Jari Huovinen and Matti Koiranen (2011): *Achievement motivation among habitual entrepreneurs in urban and rural areas*

19)   Sergio Postigo; Hugo Kantis; Juan Federico; Fernanda Tamborini (2002): *El surgimiento de emprendedores de base universitaria: ¿En qué se diferencian? Evidencias empíricas para el caso de Argentina*

En el siglo XXI se agregan nuevos autores -ver gráfico

AUTORES

de la creatividad*

MIHALY CSIKSZENTMIHALYI: EL "FLUJO" Y PSICOLOGÍA DE LAS EXPERIENCIAS ÓPTIMAS.

TERESA AMABILE: MODELO COMPONENCIAL ASPECTOS SOCIALES Y PSICOLÓGICOS DE LA CREATIVIDAD.

ROBERT STERNBERG: TEORÍA TRIÁRQUICA DE LA INTELIGENCIA Y TEORÍA DE LA INVERSIÓN DE LA CREATIVIDAD.

PAUL TORRANCE: PENSAMIENTO CREATIVO Y PRUEBAS DE PENSAMIENTO CREATIVO

HOWARD GARDNER: TEORÍA DE LAS INTELIGENCIAS MÚLTIPLES

ELLEN LANGER: ATENCIÓN PLENA Y LA PSICOLOGÍA DE LA POSIBILIDAD.

KEN ROBINSON: FOMENTO DE LA CREATIVIDAD Y LA REIMAGINACIÓN DE LA EDUCACIÓN

STEVEN JOHNSON: POSIBLE ADYACENTE Y LA INTERCONEXIÓN DE IDEAS QUE CONDUCEN A LA INNOVACIÓN

*OFERTA VÁLIDA PARA SER CREATIVOS SIEMPRE.

Gráfico 15 Autores de la creatividad

2. LA EMPRESA

Una empresa es resultado de actividades complejas que desarrolladas dentro de la comunidad tiene efectos dentro de sí misma y en su entorno; allí radica el grado de valoración de sus creadores, gestores y grupos interesados como los *stakeholders*. La empresa que se ha localizado en un sector específico genera resultados para él mismo, para el tejido empresarial y para la sociedad que en retorno y de manera conjunta afectan a la organización. La empresa se puede concebir como un ser vivo en constante mutación, que se adapta al medio y se transforma para mantenerse (Saiz, 2004). El empresario es quien introduce innovación, y decide cuándo lo hace y en cuánto lo hace, con la finalidad de aumentar su productividad y hacia fuera, mejorar la competitividad; la innovación puede hacerse en las maquinarias y equipos o en los procesos administrativos. Puede entonces, según Turriago (2002), clasificarse las empresas en innovadoras en sentido estricto, empresas innovadoras en sentido amplio, empresas potencialmente innovadoras y empresas no innovadoras.

Importante

Debe diferenciarse el hacer empresa del hacer negocios: la empresa es una visión de largo plazo en la producción de bienes o servicios, por el contrario, un negocio se refiere al aprovechamiento de una oportunidad para obtener beneficios en el corto plazo. Una sociedad requiere más empresas que hacer negocios en tanto sus beneficios tienen un mayor componente de bienestar social.

Se puede ser empresario de tres formas; la primera, al iniciar la empresa a través de la franquicia de procesos de producción, distribución, industria o servicios, de la innovación tecnológica y comercial o la asociación. La segunda forma es lograr la participación en una empresa constituida o su compra. La tercera es heredarla, opción deseable en las empresas de familia. Otras formas de crear empresa suponen copiar un concepto de negocio, copiar de un país a otro, adquisición, *spin off*, robar la idea –con toda lo reprochable que es desde el punto de vista ético-, el descubrimiento de una nueva oportunidad y encontrar una nueva forma de producir o entregar un bien o servicio (González, 2007; Curbelo y López, 2007; Nueno, 2009). También se puede ser empleado:

Cómo son los empleados de hoy[13]
+ Muy preparados en temas técnicos.
+ Aprenden rápido.
+ Buscan equilibrio entre los temas laborales y personales.
+ Poco preguntan y poco contrastan.
+ Poco proponen.
+ Pueden hacer muchas tareas al tiempo.

---

[13] Ruperti y Coberto muestran en su libro *Let`s play, la empresa contada a los jóvenes,* las diferencia entre los emprendedores y empleados, y las ventajas y desventajas de ambas formas de vida.

- No entienden los valores reales de la empresa. Se quedan a pesar de que no comparten las orientaciones de la organización.
- Les falta compromiso. Desapego a la empresa.
- Falta de ambición positiva.
- Anteponen los intereses propios a los de la empresa.

La persona que emprende la creación de una empresa imagina su tamaño, establece sus objetivos con la información que tiene, intenta la maximización de beneficios a corto plazo y crea una estructura que haga coincidir el punto más bajo de la curva de costos totales medios con el precio del producto, y a largo plazo intenta construir estructuras flexibles a partir de su tamaño, para desplazar su curva de costos de manera que permanezca el mayor tiempo posible con beneficios máximos.

El tamaño de la empresa no significa que sea poco rentable: hay empresas gacelas que son pequeñas, ágiles y muy rentables, y empresas dinosaurios, grandes, lentas y menos rentables (Nueno, 2009).

2.1. ETAPAS EN LA CREACIÓN DE EMPRESA

El proceso de creación de empresa según Veciana (2001) incluye las fases de gestación, creación, lanzamiento y consolidación (ver tabla 2). La fase de gestación contempla la infancia y preparación profesional del emprendedor, junto a un suceso disparador, las condiciones favorables del entorno y la decisión de crear la empresa; la segunda fase es la creación y comprende la búsqueda e identificación de la oportunidad, la creación de la solución, las redes sociales, la evaluación de la oportunidad y los pasos para crearla; La tercera fase es el lanzamiento con duración media de 1 ó 2 años, implica crear la organización, búsqueda de recursos y el lanzamiento del bien o servicio; por último la fase de consolidación puede durar entre 2 y cinco años e implica asumir el éxito o fracaso. Guzmán y Liñán (2005) describen tres fases en un empresario: la potencial, la naciente y la dinámica.

González F. (2007) arranca desde la búsqueda de la idea, su análisis, la construcción del plan de empresa –proyecto empresarial- y su creación –puesta en marcha. Moscoso (2008) propone tres fases: la primera es la formulación del problema sobre el que se toma una decisión –especifica los objetivos, opciones, restricciones y reglas de decisiones-, la segunda es de generación de la información necesaria –recopilación y estimaciones a partir de ella-, y la ejecución de la decisión –uso de la información e inicio del proceso de aplicación- junto con capacidad de delegación y habilidad organizativa.

Según el BID (Kantis *et al*, 2004) hay tres etapas del proceso emprendedor que termina en creación de empresa[14]: la gestación, la puesta en marcha y el desarrollo inicial; en la gestación intervienen la motivación y las competencias del emprendedor, la identificación de la oportunidad y la elaboración del proyecto; en la puesta en marcha se toma la decisión de iniciar la empresa y se accede a los recursos para empezar; en la etapa de desarrollo inicial del proyecto se introducen los bienes y servicios en el mercado y se gestiona la empresa durante los primeros años. De otro lado, el consorcio GEM (2006ª, 2006b, 2009) diferencia entre empresas nacientes o *Start ups* con duración menor a tres meses, empresas nuevas o *baby business* con duración entre tres y cuarenta y dos meses, y empresas establecidas o *established business* con más de 42 meses de funcionamiento.

Algunas empresas nacen y permanecen como pequeñas o *microemprendimientos,* según las habilidades del emprendedor como espíritu innovador, la autoestima, la confianza en su propia fuerza y la capacidad para enfrentar adversidades (Mouján, 2006).

---

[14] Hisrich *et al* (2005) definen cuatro etapas en la iniciativa empresarial: identificación y evaluación de la oportunidad –frente a sus habilidades y objetivos personales-, desarrollo del plan de empresa, determinación de los recursos y la gestión de la empresa.

2.2. Crítica a la empresa

Con el puño cerrado no se puede intercambiar un apretón de manos.

Mohandas Gandhi

Marx (1984) asumió la empresa como centro de explotación, forma de apropiación del tiempo y trabajo ajeno, concentración y apropiación de la renta de los obreros. A su juicio la empresa se concentra solo en la búsqueda de ganancias. La empresa es una forma de acumulación de capital en manos de los empresarios. La empresa es el sitio donde la productividad del trabajo crece y se suprime todo lo que sea trabajo inútil. En síntesis, la función del capitalista–empresario es una función económica de la nación que le es confiada por la propiedad del capital, y su ganancia es una forma de sueldo. En la actualidad los tamaños gigantescos de algunas empresas las hacen tan poderosas que logran injerencia en la toma de decisiones políticas, e incluso, judiciales[15]

La experiencia del Fondo Emprender muestra que los emprendedores colombianos tienen dificultades en la identificación de la idea de negocio y desconocen las técnicas para definir el problema. En cuanto al mercado se encuentran deficiencias en los estudios del plan de negocio

---

[15] Hay casos de banqueros que han lavado dólares para delincuentes o han participado en sobornos y recibieron castigo en otro país y no en el propio. A pesar de que las leyes obligan la expulsión de la contratación pública a los condenados por corrupción en el país no sucedió, por el contrario, tienen nuevos y numerosos contratos.

expresados en estimaciones de la demanda y estrategias de mercado, casi siempre optimistas en exceso (Gámez y Navarrete, 2010).

2.3. TEXTOS BÁSICOS RECOMENDADOS

1.   Anette Mikes, Robert Kaplan (2013): *Towards a Contingency Theory of Enterprise Risk Management*
2.   William Lazonick (2012): *Who Needs a Theory of Innovative Enterprise?*
3.   Brian W. Nocco, René M. Stulz (2006): *Enterprise Risk Management: Theory and Practice*
4.   William B. Rouse (2005): *A Theory of Enterprise Transformation*
5.   Thorstein Veblen (1999): *The Theory of Business Enterprise*
6.   Joan Fontrodona y Alejo J. Sison (2007): *Hacia una teoría de la empresa basada en el bien común*
7.   Alejandro García Garnica, Eunice Leticia Taboada Ibarra (2011): *Teoría de la empresa: las propuestas de Coase, Alchian y Demsetz, Williamson, Penrose y Nooteboom*
8.   Miguel Alfonso Martínez-Echevarría (2003): *Los orígenes de la teoría de la empresa*
9.   William Lazonick (2009): *Innovative Enterprise*
10.   Carlo Borzaga, Ermanno Tortia (2006): *An evolutionary perspective in the theory of social enterprises*
11.   Nicolò Bellanca (2013): *For a theory of social enterprise and social finance*
12.   Dennis R. Young (2007): *A Unified Theory of Social Enterprise*

Hay nuevos libros de creatividad y emprendimiento -ver gráfico

LIBROS DE CREATIVIDAD

Para empezar

1. Creatividad: El Flujo y la psicología del descubrimiento y la invención, Mihaly Csikszentmihalyi.

2. El arte de la posibilidad: La transformación de la vida profesional y personal, Rosamund Stone Zander y Benjamin Zander

3. La mente creativa: Mitos y mecanismos, de Margaret A. Boden.

Nuevas experiencias

4. Originales: Cómo los inconformistas mueven el mundo, de Adam Grant

5. La gran magia: la vida creativa más allá del miedo, Elizabeth Gilbert

6. Roba como un artista: 10 cosas que nadie te dijo sobre ser creativo, Austin Kleon

Otros enfoques

7. Un golpe en la cabeza: cómo ser más creativo, Roger von Oech

8. Imagina: cómo funciona la creatividad", Jonah Lehrer

9. El dilema del innovador: cuando las nuevas tecnologías hacen fracasar a las grandes empresas", de Clayton Christensen

Para innovar

10. De dónde vienen las buenas ideas: La historia natural de la innovación, Steven Johnson

11. Confianza creativa: Liberar el potencial creativo que todos llevamos dentro, Tom Kelley y David Kelley

12. Mindset: La nueva psicología del éxito, Carol S. Dweck

Educación

13. La guerra del arte: Rompe los bloqueos y gana tus batallas creativas internas, Steven Pressfield

14. Flujo: la psicología de la experiencia óptima, Mihaly Csikszentmihalyi

15. El efecto Medici: Lo que los elefantes y las epidemias pueden enseñarnos sobre la innovación, Frans Johansson

Los infaltables

16. Creativity, Inc: Cómo superar las fuerzas invisibles que se interponen en el camino de la verdadera inspiración, Ed Catmull y Amy Wallace

17. Confianza creativa: Liberar el potencial creativo que todos llevamos dentro" de Tom Kelley y David Kelley

18. El hábito creativo: aprendido y úsalo para la vida, Twyla Tharp

19. Pensamiento lateral: La creatividad paso a paso, Edward de Bono

20. Arte y miedo: observaciones sobre los peligros (y recompensas) de la creación artística, David Bayles y Ted Orland

Gráfico 16 Libros de creatividad

Preguntas sobre el texto

1.   Identifique las similitudes de los cuatro enfoques teóricos propuestos.

2.   Encuentre las diferencias entre los cuatro enfoques teóricos.

3.   ¿Por qué es importante el enfoque teórico psicológico? Lea los artículos de McClelland y encuentre la definición de locus de control.

4.   ¿Por qué Schumpeter es considerado el autor más destacado del emprendimiento?

5.   ¿Qué tipos de emprendedores conoce usted? Describa sus rasgos personales.

6.   ¿Conoce algún emprendedor social?, ¿qué tipo de problema solucionó?, ¿qué aportes hizo a la sociedad?

7.   Indague por los emprendedores de otros países del mundo. ¿Son diferentes según las sociedades donde actúan?

8.   Cuáles son las motivaciones de los emprendedores. Analice los distintos modelos GEM para compararlos.

3. LA CREATIVIDAD

La creatividad simplemente consiste en conectar las cosas.

Steve Jobs

Todos los seres humanos pueden ser creativos. Una persona creativa se caracteriza por su inteligencia, conocimiento, personalidad y motivación. La creatividad no es un lujo para uso exclusivo de los artistas o favorecidos; es esencial en la actividad de los emprendedores. Una persona creativa siente tensiones parecidas los artistas al crear obras y los emprendedores esperan concretar los resultados de sus ideas convertidas en empresas.

TEORÍAS DE CREATIVIDAD

1. Enfoque psicométrico (Guilford)
2. Modelo Componentes (Amabile)
3. Enfoque de cognición creativa (Finke, Ward y Smith)
4. Modelo de las Cuatro C (Kaufman y Beghetto): Creatividad cotidiana, personal, profesional y eminente.
5. Teoría sociocultural (Csikszentmihalyi)
6. Enfoque interaccionista (Sternberg):
7. Efecto Medici (Johansson)
8. Modelo sistémico de la creatividad (Csikszentmihalyi & Sawyer)

Gráfico 17 Teorías de creatividad

Los emprendedores se caracterizan por la creatividad que no está separada del pensamiento, y no es un lujo exclusivo de los artistas ni privilegio reservado para unos pocos. La creatividad no pretende resultados ciertos.

La creatividad es pensar algo diferente sobre un asunto cuando se cuenta con la misma información que el resto de personas. El acto creativo es siempre un acto social, por tanto, un individuo creativo debe ser considerado como tal por los demás. Es una capacidad originada en la experiencia, la intuición y las expectativas. La creatividad es una actividad mental con resultados inciertos. La creatividad parece ser una actitud ante la vida, un impulso para crear y generar ideas, camino que algunas personas de manera consciente o inconsciente eligen; otra forma de expresarla, es pensar algo diferente sobre un asunto cuando se cuenta con la misma información que el resto de personas. Sin embargo, la creatividad genera tensiones en el mundo empresarial porque no todas las organizaciones pueden gestionar esas propuestas, fundamentalmente por temas de rentabilidad (Gámir, 2007; Ponti, 2008; Punset, 2006).

La creatividad es alterable y puede desarrollarse; ser creativo es ver las cosas que los demás no ven. La creatividad se compone de pericia, motivación y capacidad de pensamiento creativo que implica riesgos y transforma el trabajo. La creatividad supone unos rasgos de todo ser humano que pueden ser transmitidos a través de la educación. Todos los seres humanos son creativos, por tanto, la creatividad es alterable y puede desarrollarse (Amabile, 1999; Harrington et al, 2000).

> **Ejemplos de creatividad**
> Cafés de sabores. Las tiendas de barrio ofrecen variedades de sabores, las cafeterías grandes ofrecen más de cincuenta sabores y las internacionales hasta setecientos.
> Formas de reciclaje: en tiempos de consumismo hay más de mil formas de reutilizar botellas, llantas, madera, jabones y el agua.
> En Japón funcionan cafeterías donde se aceptan mascotas, más como forma de bienestar que como fuente de ingresos.

Ser creativo requiere creer en sí mismo, y aprender de los éxitos y fracasos. Se necesita tener cualidades como la persistencia, desarrollar la intuición, ser curioso, paciente y dedicado. Una persona creativa tiene imagina muchas ideas y toma los riesgos de llevarlas a cabo. Es alguien que pregunta mucho, es optimista y busca soluciones. Finalmente, las personas creativas son personas de acción porque proponen, actúan y tienen deseos permanentes de aprender. ¿Eres creativo? Acá lo puedes comprobar https://www.deividart.com/blog/eres-creativo-compruebalo-con-este-test/

Las barreras a la creatividad pueden originarse en la subvaloración personal, la inseguridad, depresión, egocentrismo, agresividad, ansiedad y rigidez (Prada, 2002). Para algunos especialistas la educación promueve modelos de memorización y repetición, que desconocen el aporte de la pregunta a la creatividad.

3.1. ENLACES DE CREATIVIDAD

Estos enlaces contienen técnicas de creatividad, acertijos y juegos. Además, están los accesos a páginas de patentes.

---

a)   Centro Europeo de Empresa e Innovación de Valencia https://ceeivalencia.emprenemjunts.es/?op=130&id=73

b)   Canadá y sus apoyos a emprendedores https://www.canada.ca/en/services/business/start/support-financing.html

c)   Center for American Entrepreneurship https://startupsusa.org

d)   GCF Global https://edu.gcfglobal.org/es/emprendimiento/que-es-una-startup/1/

e)   Descubrir tendencias https://meetglimpse.com

f)   Redes 81: Los 12 pilares de la inteligencia – neurociencias: www.youtube.com/watch?v=BW7r364s5wU

g)   Where good ideas come from de Steven Johnson: https://www.ted.com/talks/steven_johnson_where_good_ideas_come_from

h)   Listado de más de 3500 ideas para emprender: https://www.ideasgrab.com

i)   21 Ways To Generate Business-Boosting Ideas
www.businessinsider.com/20-ways-to-generate-ideas-that-will-boost-your-business-2010-10?op=1

j)   Neuronilla, especialistas en creatividad e innovación
www.neuronilla.com

k)   Creative Thinking Techniques - Enhance Your Creativity
www.squidoo.com/creative-techniques#module13026614

l)   Mind tools, Creativity Tools
www.mindtools.com/pages/main/newMN_CT.htm

m)   50 Creativity Creation Techniques And Strategie
www.slideshare.net/fallonj/50-creativity-creation-techniques-and-strategies

n)   TED: Ideas worth spreading. Creativity
www.ted.com/search?cat=ss_all&q=creativity

o)   Creative Thinking and Lateral Thinking techniques
www.brainstorming.co.uk/tutorials/creativethinkingcontents.html

p)   The most effective creativity techniques for getting fresh
ideas creativity.trainings.ee/the-most-effective-creativity-techniques-for-getting-fresh-ideas/

q)   Hay un problema con herramientas y pistas para
solucionarlo, para trabajar solo o en equipo
https://x.company/moonshots-game/play

r)   ¿Qué tipo de creatividad tengo? (En inglés)
https://mycreativetype.com

s)   Manejando carro por el mundo con sonidos de la carretera
y radio http://surl.li/qoonr

t)   Estar en una cafetería trabajando o leyendo
https://coffitivity.com

Los nuevos artículos académicos de creatividad se pueden
ver a continuación – ver gráfico 18-.

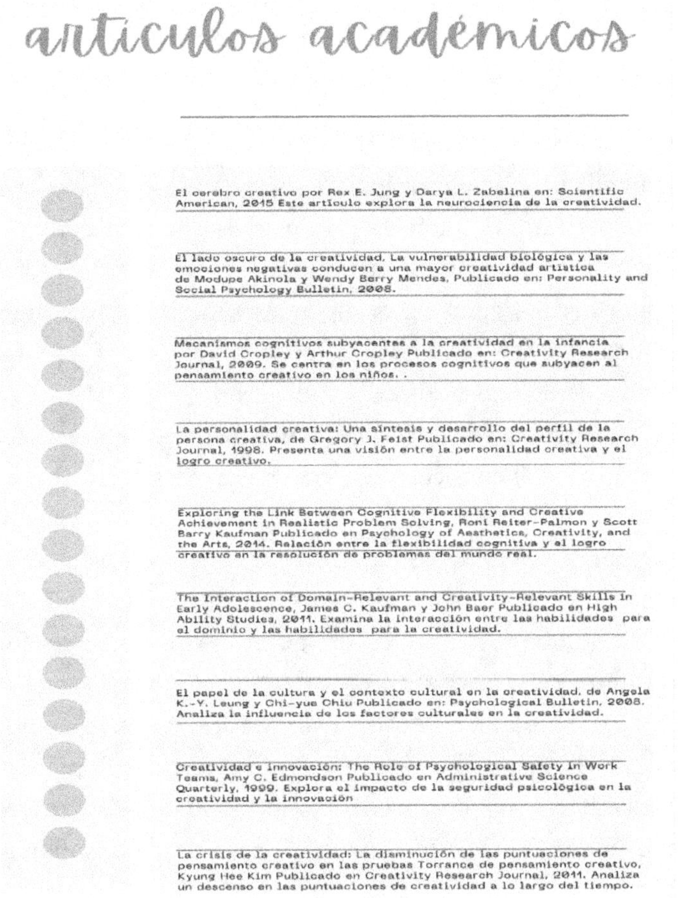

artículos académicos

El cerebro creativo por Rex E. Jung y Darya L. Zabelina en: Scientific
American, 2015 Este artículo explora la neurociencia de la creatividad.

El lado oscuro de la creatividad. La vulnerabilidad biológica y las
emociones negativas conducen a una mayor creatividad artística
de Modupe Akinola y Wendy Berry Mendes, Publicado en: Personality and
Social Psychology Bulletin, 2008.

Mecanismos cognitivos subyacentes a la creatividad en la infancia
por David Cropley y Arthur Cropley Publicado en: Creativity Research
Journal, 2009. Se centra en los procesos cognitivos que subyacen al
pensamiento creativo en los niños. .

La personalidad creativa: Una síntesis y desarrollo del perfil de la
persona creativa, de Gregory J. Feist Publicado en: Creativity Research
Journal, 1998. Presenta una visión entre la personalidad creativa y el
logro creativo.

Exploring the Link Between Cognitive Flexibility and Creative
Achievement in Realistic Problem Solving, Roni Reiter-Palmon y Scott
Barry Kaufman Publicado en Psychology of Aesthetics, Creativity, and
the Arts, 2014. Relación entre la flexibilidad cognitiva y el logro
creativo en la resolución de problemas del mundo real.

The Interaction of Domain-Relevant and Creativity-Relevant Skills in
Early Adolescence, James C. Kaufman y John Baer Publicado en High
Ability Studies, 2011. Examina la interacción entre las habilidades para
el dominio y las habilidades para la creatividad.

El papel de la cultura y el contexto cultural en la creatividad, de Angela
K.-Y. Leung y Chi-yue Chiu Publicado en: Psychological Bulletin, 2008.
Analiza la influencia de los factores culturales en la creatividad.

Creatividad e innovación: The Role of Psychological Safety in Work
Teams, Amy C. Edmondson Publicado en Administrative Science
Quarterly, 1999. Explora el impacto de la seguridad psicológica en la
creatividad y la innovación

La crisis de la creatividad: La disminución de las puntuaciones de
pensamiento creativo en las pruebas Torrance de pensamiento creativo,
Kyung Hee Kim Publicado en Creativity Research Journal, 2011. Analiza
un descenso en las puntuaciones de creatividad a lo largo del tiempo.

Gráfico 18 Artículos de creatividad en el siglo XXI

4. INNOVACIÓN

*A veces, cuando innovas, cometes errores. Es mejor admitirlos
rápidamente y seguir mejorando tus otras innovaciones. Steve Jobs*

Innovar, como actividad humana, es poner en marcha la creatividad. La innovación se refleja en las nuevas combinaciones de factores productivos que se plasma en un nuevo bien o calidad de bien, un nuevo método de producción, la apertura de un nuevo mercado, la conquista de una nueva fuente de materias primas, y la puesta en marcha de nuevos tipos de organización.

En principio Smith identificó como fuente de innovación en las empresas el conocimiento generado en las destrezas de los obreros. Schumpeter ve en los empresarios un rol clave para proponer y lograr las transformaciones tecnológicas que cambien y mejoren el proceso productivo. Marx consideró que la burguesía no podría existir sin revolucionar de forma constante los medios de producción.

El empresario quien introduce innovación y decide cuándo lo hace y en cuánto lo hace, con la finalidad de aumentar su productividad y mejorar la competitividad. Hay empresas innovadoras en sentido estricto, empresas innovadoras en sentido amplio, empresas potencialmente innovadoras y empresas no innovadoras -ver gráfico 19-. Puede haber, al menos, innovación gradual o evolutiva, de rompimiento y arquitectura de nuevos modelos de negocio (Ver Gámez 2013).

Gráfico 19 Tipos de innovación

Los avances tecnológicos pueden conducir a mayor bienestar y llegar a todos los miembros de la sociedad, en espacial, a las personas menos favorecidas. ¿El modelo económico y la globalización lo han logrado?

La innovación es un proceso de aprendizaje que muchas veces no logra resultados con procesos controlados (Las redes sociales no tenían previstos los resultados que lograron en el siglo XXI). Otra definición de innovación es la competencia entre las nuevas y viejas formas de hacer las cosas.

En la primera revolución industrial se transformaron algunos países de Europa al pasar de una economía agraria a una economía industrial (empiezan a utilizar más herramientas y menos bueyes) en los siglos XVIII y XIX. Al aparecer la fábrica las se inician nuevas relaciones económicas y técnicas, por ejemplo, deben crearse cargos de supervisión y garantizar la disciplina de los empleados. Los obreros deben especializarse y dividir el trabajo. El ser humano fue remplazado por aparatos mecánicos (desmotadoras de algodón y máquinas de hilar) y en lugar de animales se crearon artefactos movidos por vapor de agua. El transporte cambió con la aparición de la locomotora. En esta revolución aun no aparecían los científicos porque los primeros inventos fueron de personas que trabajaban solas y los recursos salieron de los ahorros de los antiguos empresarios[16].

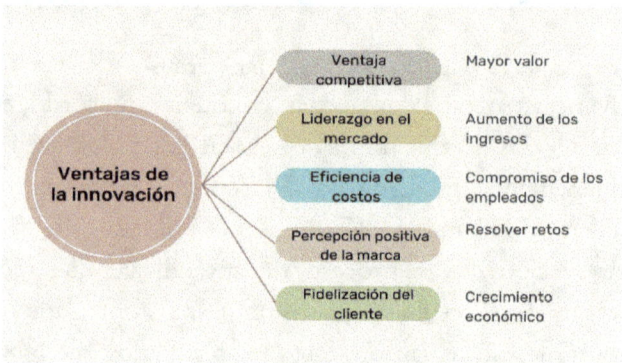

Gráfico 20 Ventajas de la innovación

La segunda revolución industrial (Siglo XIX), se caracteriza por la aplicación extensiva del conocimiento científico a los problemas de producción. Nuevos países de Europa siguen la senda de los Estados Unidos de América. Los inmensos

[16] El profesor Óscar Benavides muestra en su libro *De inventores a empresas. La historia económica de la innovación tecnológica*, un interesante recorrido por la innovación desde los autores de la economía. En su obra detalla con amplitud los alcances de las diversas revoluciones tecnológicas de la humanidad.

avances transforman los sistemas de manufactura, aparecen las economías de escala, se generaliza el uso de electricidad como fuente de energía, y se logran avances y aplicaciones sobresalientes de la química. Aparecen las grandes empresas que hoy conocemos. En ellas se logran los procesos de estandarización y la innovación abre la puerta a grandes oportunidades de negocios que se apoyan en nuevas fuentes de financiación. Es el momento donde se consolidan relaciones muy fuertes entre los conocimientos científico y tecnológico. Apareció la automatización, la electricidad se combinó con la química, se inventó el teléfono, y aparecieron nuevos medios de transporte como los ferrocarriles, los barcos de vapor, el automóvil y la bicicleta.

En el siglo XX se dio un nuevo fenómeno: las tecnologías empezaron a servir para crear nuevas tecnologías. Además, se afianzó el trabajo en equipo y las alianzas entre grupos. Las grandes empresas se convirtieron en activos impulsores de la innovación. El modelo de la triple hélice propuesto por Etzkowitz en 1997, explica los avances en investigación, desarrollo e innovación desde las interacciones entre las universidades y los entornos científicos, las empresas e industrias y los gobiernos; más adelante, a la cuádruple hélice se agregó el apoyo de la sociedad civil y la quíntuple hélice el sistema educativo -en especial las universidades-, empresa, Estado, la sociedad y el medio ambiente -la cultura-. Los rasgos emprendedores se analizan en el siglo XXI desde el enfoque de rasgos de la iniciativa empresarial y la teoría de la visión basada en los recursos.

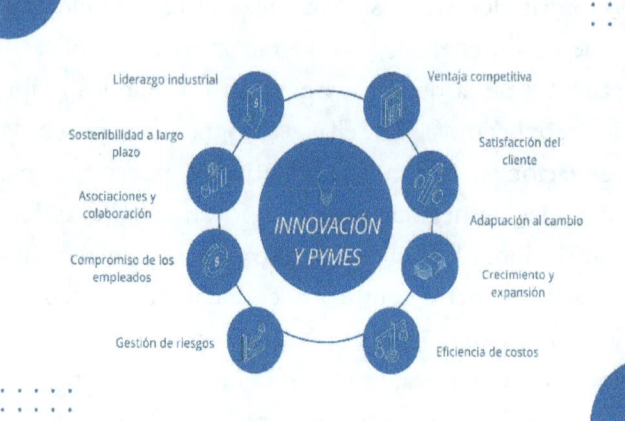

Gráfico 21 Innovación y pymes

Las fuentes de innovación de una empresa en marcha están en los cambios demográficos, los cambios de percepción y los nuevos conocimientos, mientras que en una nueva empresa se encuentran en los acontecimientos inesperados, las incongruencias, las necesidades de un proceso y los cambios en los sectores o en un mercado (Drucker, 1999).

Los manuales de innovación

El Manual de Oslo es una publicación de la OCDE (Organización para la Cooperación y el Desarrollo Económico) publicado por primera vez en 1997. Pretende sistematizar y ordenar la información sobre la innovación tecnológica, además de servir de guía para los países en temas de política. Es referente para clasificar las actividades innovadoras.

El Manual de Frascati se ha actualizado y pretende identificar tendencias de innovación e I+D. Diferencia entre investigación básica e investigación aplicada, y de él se desprenden las discusiones sobre los modos uno y modo dos en investigación.

La innovación se produce de manera diferente en cada región. Los factores que afectan la innovación incluyen la esperanza de vida que permite que inventar e innovar con la posibilidad de obtener recompensas en el largo plazo, la disponibilidad de mano de obra y los salarios, y la protección de los derechos de propiedad, la formación técnica, y el individualismo que facilita guardar ganancias para sí mismos. La sociedad puede apoyar la innovación a través de centros tecnológicos, parques tecnológicos, centros de empresa e innovación, universidades y oficinas de transferencia (Diamond, 2007).

Hay distintas formas de medir la innovación -ver gráfico 22-

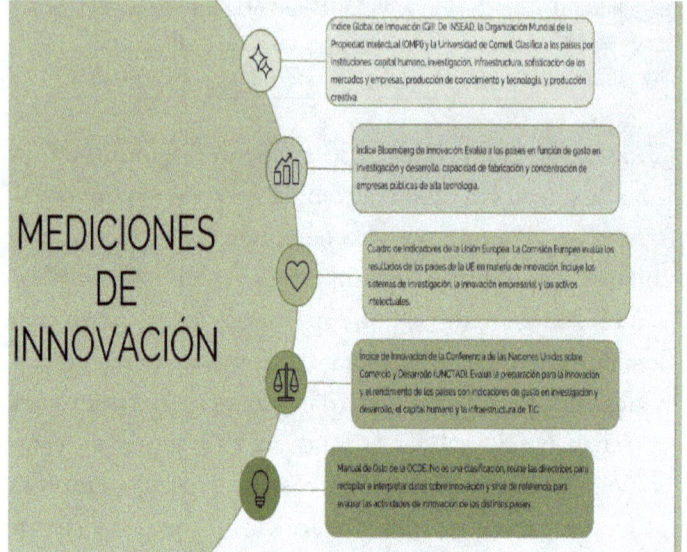

Gráfico 22 Mediciones de innovación

- Alquería https://www.alqueria.com.co/sostenibilidad/industria-alimentaria

A continuación, se presentan algunas tendencias de la innovación en el siglo XXI:

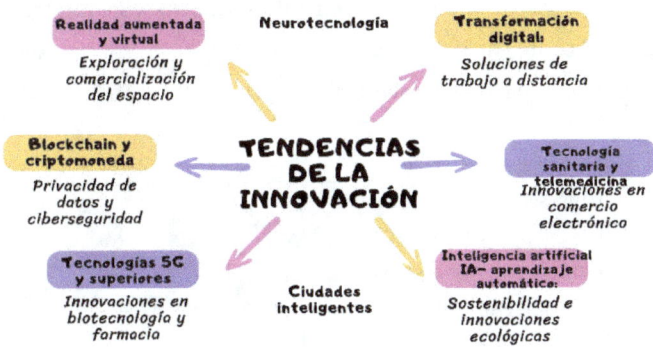

Gráfico 23 Tendencias de la innovación

Es deseable que toda empresa asuma procesos de innovación, sin embargo, hay contras de la innovación:

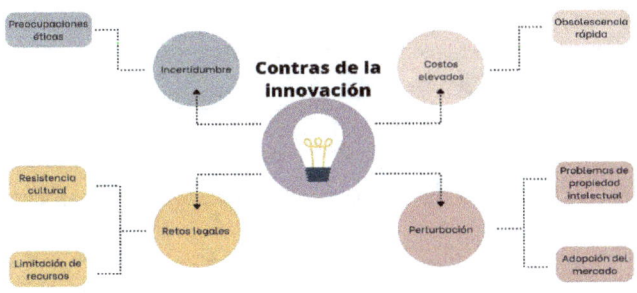

Gráfico 24 Contras de la innovación

4.1. PATENTES, DÓNDE ENCONTRARLAS

Si su idea tiene algún componente especial por su arduo trabajo es útil revisar si alguien más ya la registró ante los organismos encargados de proteger los derechos de propiedad. Estos enlaces le permiten, además, comparar sus avances frente a otros emprendedores o la necesidad de acompañarse de expertos en otras áreas del saber.

---

a)   IP Research & Communities: www.freepatentsonline.com

b)   US Patent Search: www.us-patent-search.com

c)   Google patentes: www.google.com/?tbm=pts

d)   The United States Patent and Trademark Office (USPTO): www.uspto.gov/patents/process/search

e)   Oficina Europea de Patentes: https://www.epo.org/en

f)   Organización mundial de la propiedad intelectual: https://www.wipo.int/patentscope/es/

g)   Patentscope. Base mundial sobre patentes: https://www.ovtt.org/recursos/patentscope-base-de-datos-mundial-sobre-patentes/

h)   Superintendencia de Industria y Comercio. Patentes en Colombia: https://www.sic.gov.co/base-de-datos

---

Se sugiere este grupo de libros de innovación, muchos están en español:

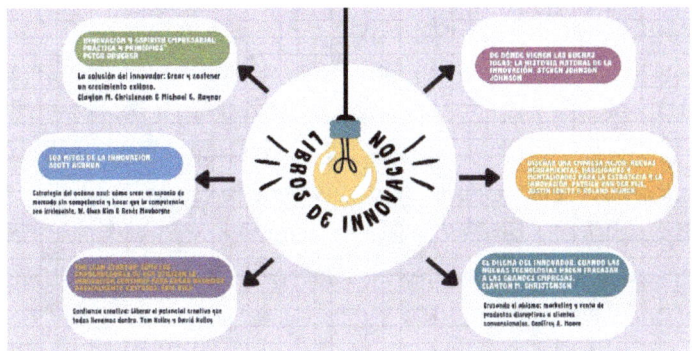
Gráfico 25 Libros de innovación

4.2. LOS APOYOS PARA EMPRENDER

Los gobiernos intentan apoyar las empresas, aunque las cargas tributarias y los déficits fiscales afectan su aporte. Los análisis de la actividad empresarial –emprendedores y creadores de empresa- deben insertarse en un marco institucional donde el Estado y los miembros con capacidad política tienen la responsabilidad de producir gran parte de las reglas y hacerlas cumplir.

Experiencia de una emprendedora que recibió recursos del Fondo Emprender

Marcela es una empresaria bogotana nacida en 1979. Es hija de padres empresarios y la menor entre sus tres hermanos. Estudió psicología y creó su empresa de terapias y servicios de educación en 2006. Se enteró del Fondo Emprender por la universidad, asistió a capacitaciones y con el apoyo de un asesor del SENA elaboró su plan de negocio durante un año. Presentó la propuesta a una convocatoria del Fondo y se fue a trabajar. Al año fue notificada de que su proyecto había sido aprobado. Hubo de escoger entre seguir como asalariada satisfecha o empresaria. Se inclinó por la segunda opción. Su empresa presta servicios de educación y terapias psicológicas. Reconoce que es complicado no tener horario, su ingreso depende de las ventas, los resultados no son inmediatos, debe responder por los costos derivados de arriendo servicios, papelería, nómina de los empleados… "A veces me pregunto ¿pero porque me metí en esto? pero yo sé que esta oportunidad la tienen muy pocas personas" En ningún momento me dijeron que iba a ser fácil y tengo la certeza de que voy a compensar todo el esfuerzo. Cuando uno es empleado tiene que hacer lo que le dicen, cuando uno es emprendedor toma todas las decisiones, desde lo más simple hasta lo más complejo para la empresa. Si usted tiene la capacidad de ser creativo o de innovar ¿por qué no hace su propia empresa? Esa es la motivación de un empresario: ser capaz de desarrollar sus propias ideas y llevarlas a cabo. Yo creé esta empresa totalmente consciente, hice un ejercicio de investigación. El apoyo fue de Fondo Emprender es económico y de asesoría en cada una de las áreas de la empresa, el manejo contable, administrativo, de mercadeo y comercial. Recibí 85 millones y yo puse mi propio dinero que se ha reinvertido. Aprendí a tomar decisiones a partir de análisis, de costos, de proyección de ventas. Mis dificultades radican en las ventas y la gestión comercial. He podido crear redes de apoyo para ofertar otros servicios. Creo que al Fondo le falta dar más acompañamiento y ojalá apoyo para reinvertir y acompañar a sus empresas para que sean más sólidas y rentables.

Estas entidades ofrecen diversos tipos de apoyo, desde recursos no rembolsables hasta créditos y acompañamiento.

a) Fondo emprender, Colombia: www.fondoemprender.com/

b) SENA: https://www.sena.edu.co/es-co/trabajo/Paginas/fondo-emprender.aspx

c) Creame, incubadora de empresas: creame.com.co/

d) Red de Ángeles Inversionistas TIC Hub Bog: www.hubbog.com

e) Fondo de Capital Privado Inversor: www.inversor.org.co

f) Promotora Progresa Capital: www.promotora.com.co

g) Incubar Colombia: www.incubarcolombia.org.co/

h) Apoyo para pequeños negocios y emprendimientos, profesionales independientes y artesanos https://colombiasigueadelante.mincit.gov.co/ejes/microempresarios

i) CEmprende https://www.innpulsacolombia.com/cemprende/oportunidades

j) Bancoldex https://www.bancoldex.com

k) Colombia Digital https://www.colombiadigital.net

l) Emprende Colombia https://www.mipymes.gov.co/programas/emprende-colombia

m) Unicca, emprendimientos colombianos https://www.clubcolombia.com.co/unicca

Preguntas sobre el texto

1. ¿Conoce a una persona creativa? Descríbala

2. ¿Se puede aprender a ser creativo? Justifique su respuesta

3. ¿Qué tan creativo es usted?, ¿tiene pasatiempos?, ¿cómo lo describen sus allegados?

4. ¿Cómo ser más creativo en la universidad? Describa la clase más creativa que haya tenido en su vida estudiantil.

5. ¿Qué hábitos conoce usted para ser más creativo?

6. ¿Conoce un caso de empresario innovador? Analice sus características.

7. Pregunte a sus padres o abuelos por los productos o servicios innovadores de hace veinticinco y cincuenta años. Haga un cuadro comparativo entre esos momentos y la época actual.

8. ¿En sus espacios académicos se analiza la innovación? Explique cómo lo hacen.

9. ¿Sabe cómo funciona el Fondo Emprender? Revise las convocatorias hasta hoy y describa cuáles son las ideas más innovadoras que se han postulado.

10. ¿Cómo se apoya la creación en otros países? Revise casos de los cinco continentes

5. LA PRÁCTICA

Ten el coraje para hacer lo que te dicen tu corazón y tu intuición.

Steve Jobs

Los emprendedores tienen el hábito de ver la realidad y ser buenos observadores, proceso que se mejora con la experiencia; a partir de lo detectado esas personas perciben nuevas oportunidades, que se entienden como ocasiones para proponer algo nuevo o hacer lo mismo que hacen otros, pero de mejor manera (Nueno, 2009).

El emprendedor enfrenta todas las condiciones para poner en marcha su idea, que vistas desde afuera, suponen sacrificios. Eso significa que esta persona asume acciones por las consideraciones que a él le mueven, en muchos casos inspiradas por la pasión.

¿Qué se enseña? Un emprendedor puede formarse en competencias de orientación al logro, búsqueda de información, iniciativa, comprensión de los demás, impacto e influencia, liderazgo, confianza en sí mismo, compromiso con la organización, percepción analítica y percepción conceptual (Dirube, 2007). Otras competencias del emprendedor incluyen dar directrices, preocupación por el orden y la calidad, orientación al cliente, flexibilidad, construcción de relaciones, aprovechar la diversidad, conciencia política, autocontrol y trabajo en equipo.

Gráfico 26 Emprendimiento, creatividad e innovación

Sin embargo, no todas las ideas surgidas de las oportunidades se pueden convertir en empresas o proyectos. Deben reunir condiciones para que, junto con unos análisis muy detallados, pueda predecirse con algún grado de certeza cómo sería recibida en el mercado. Por tanto, las ideas deben reunir ciertas condiciones.

5.1. DE DÓNDE SACAR IDEAS

Al final, no recordamos las palabras de nuestros enemigos sino el silencio de nuestros amigos.

Martin Luther King

Algunas personas consideran que el mundo per se es fuente de ideas de negocio; numerosos problemas de la humanidad requieren soluciones propuestas por las personas emprendedoras. En la vida diaria se pueden encontrar oportunidades que otros han abandonado, ignorado o que no han podido solucionar.

Por supuesto, encontrar esas ideas requiere estar preparado. Es necesario salir en búsqueda de espacios diferentes a los habituales para que la mente se ponga en estado de alerta. Es posible que encuentre problemas sin resolver porque otros lo han intentado –es muy posible- y usted podría hacerlo.

No es fácil ser original en el siglo XXI, por tanto, los problemas esperan ser abordados desde nuevos enfoques e inspiraciones, como el suyo si tiene mente dispuesta y los ojos abiertos; intente recuperar los hábitos que tenía en la niñez: soñar dormido y despierto, encontrar lo que otros no ven, imaginar cómo mejorar los objetos que tiene, jugar, explorar e inventar. Se pueden identificar las etapas de la innovación en la empresa:

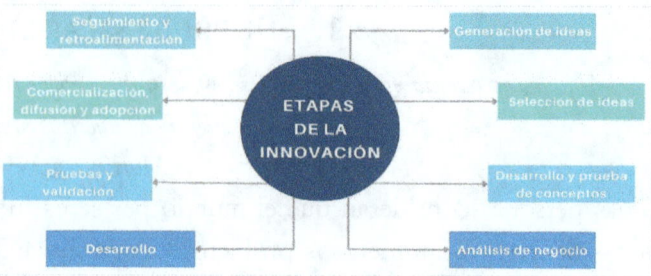

Gráfico 27 Etapas de la innovación

Las ideas pueden originarse en 1) su entorno personal –experiencias, gustos, viajes y pasatiempos-, 2) su experiencia laboral, 3) las necesidades que las personas tienen –bienes que no se encuentran en los almacenes, bienes que se consiguen pero no tienen suficiente calidad o bienes que podrían mejorarse-, 4) las oportunidades que el mercado brinda –hay insuficientes cantidades de un bien y puede ser señal de escasez en la producción o deficiencias en la distribución, el sistema financiero no presta o cobra intereses muy altos-, 5) los cambios en el entorno –aumentos o descensos del número de personas en una localidad, mayor o menor nivel de educación de los individuos, y percepción de seguridad personal-, 6) y las tendencias –aumento de la participación de la mujer en el mercado laboral, el cambio climático, la salud y el ocio-.

Las ideas pueden surgir de preguntas. Cuando usted mira cada detalle de un bien o analiza un servicio puede preguntarse: ¿qué pasaría si?, ¿se puede usar para algo más?, ¿habrá otra forma de utilizarlo?, ¿debe modificarse?, ¿ya no lo puedo devolver?, ¿ya no me gusta?,¿se puede usar en otra ciudad?, ¿se puede emplear en otro clima?, ¿hay algo parecido?, ¿hubo algo similar?, ¿se puede mejorar?, ¿se puede adaptar?, ¿en otra ciudad o país funciona?, ¿lo puedo mejorar?, ¿puedo optimizarlo para ahorrar tiempo en su uso?, ¿puedo cambiar sus características para que sepa, huela, suene o se vea mejor?, ¿su nombre no dice lo que hace?, ¿se puede combinar con otro?, ¿es posible quitarle peso, olor, sabor o presentación?, ¿puede hacerse más seguro y confiable?, ¿ si no ocupara tanto espacio?, ¿ si pesara menos?, ¿ si le quito pasos?, ¿si le agrego etapas?, ¿si encuentro un ingrediente más eficiente?, ¿si le cambio la ubicación?, ¿y si se acaba la materia prima?, ¿se verá más elegante si?, ¿Qué dirán si?,¿si cambia la ley?, ¿llega más barato de otro país?, ¿todavía está de moda?, ¿es más seguro si lo utilizo de otra manera?, ¿no sigo las instrucciones?,¿hago lo contrario?

Los empresarios del mundo han encontrado ideas en las experiencias que han tenido en trabajos previos, la interacción con otras personas –conversaciones, debates y discusiones-, artículos de revistas, las ferias comerciales, los periódicos, Internet, los artículos académicos y distintos medios de comunicación (Kantis, 2004).

5.2. Tengo la idea, ¿y ahora?

Según Jim Kukral (ver la página de *business insider*) es útil tener siempre a mano una libreta de notas, oír lo que las personas cuentan en los lugares públicos respecto de sus deseos, intereses y necesidades, hacer cosas nuevas –nuevos cursos, oír géneros musicales desconocidos y en general, salir de la rutina-, juntar dos ideas sabidas en una nueva, practicar alguna actividad física que incremente el flujo de endorfinas, y tratar de olvidar lo que sabe para evitar los prejuicios.

A medida que vaya generando ideas exprésela de manera ordenada. Más adelante documéntelas, esto es, averigüe si ya existe un bien o servicio parecido, los potenciales consumidores, precios tentativos, los usos que le darán, costos estimados, la posibilidad legal de hacerlo y los efectos en el medio ambiente -ver políticas de innovación en gráfico 28-; visite las páginas especializadas y si es su caso, las páginas de patentes (ver enlaces al final de este acápite).

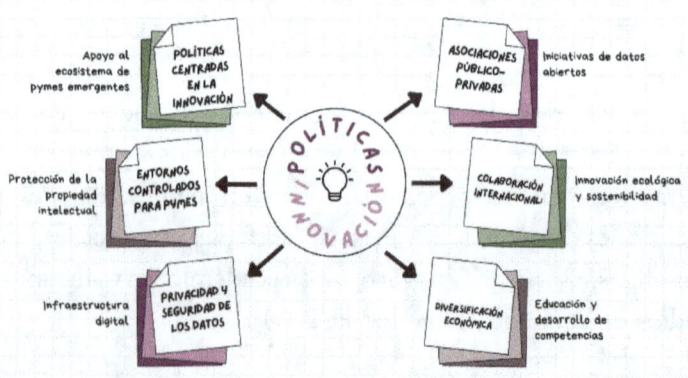

Gráfico 28 Políticas de innovación

Consulte a quienes hayan intentado hacerlo antes: si tuvieron éxito cómo lo lograron, si fracasaron, indague por los errores. Explore las alternativas que otros no hayan intentado. La perseverancia y la constancia son rasgos de la personalidad del emprendedor.

El análisis de la oportunidad de negocio supone que sea realizable, rentable, con suficientes clientes, la concreción de la estructura, la disponibilidad de insumos y la consecución de fondos para iniciar (Mouján, 2006). La herramienta más común para plasmar y evaluar la idea es el plan de negocio. Sin embargo, ha de partirse de la identificación del espíritu emprendedor del individuo y las formas de generar ideas.

Según la Dirección General de Política de la Pequeña y Mediana Empresa de España (2003) un emprendedor debe tener nueve valores indispensables:

a)   Creatividad

b)   Autonomía: tomar decisiones y desempeñarse sin necesidad de supervisión.

c)   Confianza en sí mismo

d)   Tenacidad: constancia y perseverancia.

e)   Sentido de la responsabilidad: cumplimiento de las obligaciones.

f)   Capacidad para asumir riesgos

g)   Liderazgo: influir en otros e implicarlos en proyectos

h)   Espíritu de equipo: compartir objetivos con otros

i)   Solidaridad: sentirse responsable de las elecciones de un grupo.

Estos valores suponen que el emprendedor tiene iniciativa, esgrime fortaleza ante las dificultades, asume riesgos, es capaz de tomar decisiones, muestra flexibilidad, conserva la capacidad de aprendizaje permanente, puede organizar y planificar el uso del tiempo, y muestra confianza en sí mismo.

Algunos emprendedores

- Steven Jobs, cofundador y presidente ejecutivo de Apple Inc. En el medio informático logró crear e innovar. Se reconoce su papel en la incorporación de gráficos que facilitan el uso del computador y el uso del ratón. De personalidad compleja hijo de padres empleados –no empresarios-, tuvo a cargo equipos de trabajo que cambiaron la historia de la computación y las comunicaciones: *Ipod, Ipad, Iphone, Itunes*, entre otros. Además, su nombre se asocia a más de 200 patentes. Se sugiere leer la biografía de Jobs escrita por Walter Isaacson (2011, editorial Debate).

- Amancio Ortega Gaona, es uno de los emprendedores más ricos de España y construyó sus empresas en el sector textil. Sus papás no fueron empresarios. El grupo Inditex se creó en el decenio de 1960 y su empresa más reconocida es Zara. Ha estado al frente de las decisiones sobre moda y producción y ha delegado el manejo empresarial y estratégico a expertos. Ha creado una tendencia de moda a bajo precio en locales sin publicidad. Es muy completo el libro Zara y sus hermanas de Enrique Badía (2008), editorial Lid.

- Don Pepe Sierra fue el hombre más rico de Colombia a finales del siglo XIX y principios del siglo XX. Emprendedor que acumuló tierras y amasó su fortuna en la ganadería y la agroindustria. Fue, además, visionario de la finca raíz.

- Pedro González conocido como Don Jediondo, es un emprendedor del sector de las comidas. Creó sus empresas después de los 35 años en Bogotá siete ciudades más.

- Luz Mary Guerrero es cofundadora de Servientrega, empresa que llegó a los 30 años en 2012 y tiene presencia en Ecuador, Panamá, Perú, Venezuela y Estados Unidos. Incursionó en la entrega de paquetes, logística y los giros de dinero. Ella y su hermano Jesús, fueron emprendedores desde niños: vendían hortalizas en Jenesano, Boyacá y fundaron la venta de comestibles en el colegio. Esta empresa es producto de la oportunidad y la necesidad.

- Beatriz Fernández y Eduardo Macías fundaron en 1980 la cadena de restaurantes *Crepes y Waffles*; antes habían intentado la venta de mercados a la comunidad universitaria de su alma máter. Su empresa contrata de preferencia madres cabeza de familia a quienes facilita la adquisición de vivienda y con las cuales práctica formas novedosas de optimización del clima organizacional.

Los expertos en psicometría han construido preguntas para medir aptitudes, habilidades y conocimientos de las personas. Se enuncian las siguientes preguntas con el propósito de que usted identifique sus rasgos emprendedores. No obstante, si pretende hacer una evaluación más completa, en internet puede encontrar páginas especializadas (ver los enlaces al final de este acápite).

Las preguntas que usted ha de responder en primera instancia, para identificar algunos de sus atributos de personalidad emprendedora, son las siguientes:

1. ¿Usted se entusiasma por iniciar proyectos nuevos y está dispuesto a asumir el riesgo que implica un nuevo desafío?

2. ¿Lleva a cabo las actividades que se propone a pesar de los obstáculos percibidos?

3. ¿Termina sus proyectos, aunque impliquen mucho trabajo?

4. ¿Le gusta aprender cosas nuevas, y ello supone participar en actividades en las que no tiene experiencia o conocimiento solo por aprender?

5. ¿Considera usted que el concepto libertad es muy importante?

6. ¿Considera que es capaz de trabajar en equipo?

7. ¿Tiene las actitudes propias de la cooperación?

8. ¿Posee habilidades para comunicar?

9. ¿Percibe las necesidades de quienes lo rodean?

10. ¿Puede exponer y defender sus ideas ante los demás?

11. ¿Usted es capaz de afrontar problemas y encontrarles soluciones?

12. ¿Usted puede persuadir a otras personas para hacer o dejar de hacer algo?

13. ¿Tiene capacidades para organizar y manejar recursos de la mejor manera?

14. ¿Usted se considera optimista?

15. ¿Es usted curioso?

16. ¿Es perseverante?

17. ¿Se le ocurren

ideas y las lleva a la práctica?

18. ¿Puede explicarle a otra persona por qué debe comprar lo que usted vende?

19. ¿Usted puede planear actividades a mediano y largo plazo?

20. ¿Teme perder dinero?

21. ¿Es capaz de manejar sentimientos de frustración?

22. ¿Usted se adapta a los cambios?

23. ¿Cree que es buen comunicador?

24. ¿Sabe defender sus convicciones?

25. ¿Sabe delegar actividades?

26. ¿Se considera buen negociador?

27. ¿Sabe buscar información?

28. ¿Puede cometer errores, pero sigue adelante?

29. ¿Si un proyecto es muy arriesgado lo abandono?

30. ¿Soy capaz de asumir decisiones importantes?

31. ¿Me considero una persona emprendedora?

32. ¿Me gusta aprender?

33. ¿Me siento bien con la gente que tiene ideas diferentes a las mías?

34. ¿Puedo adaptarme rápido a los cambios?

35. ¿Escucho a todas las personas porque aprendo algo de todos?

36. ¿Conozco los aspectos de la gestión de una empresa?

37. ¿Siempre cumplo las fechas que me pongo?

38. ¿Puedo organizar mis tareas para optimizar el manejo del tiempo?

39. ¿Me considero una persona eficiente y capaz de asumir nuevos desafíos?

40. ¿No me asusta asumir las consecuencias de mis decisiones?

41. ¿Conozco mis habilidades y las uso para alcanzar mis metas?

42. ¿Conozco mis defectos, pero trabajo para corregirlos?

43. ¿Me gusta ganar si lo he hecho con mis méritos?

44. ¿Encuentro razones para conseguir lo que busco?

Un emprendedor reúne las características mencionadas:

Alex, emprendedor lasallista

Nació el 26 de mayo de 1980, en una familia de padres separados. En el colegio le gustaba la biología, la geografía –por eso le gusta viajar. Una experiencia que lo marcó fue un trabajo con su papá en calidad de auxiliar de transporte. Más tarde se vinculó con la empresa de su papá a tiempo que empezó a estudiar Administración. Perdió un semestre y al finalizar decidió hacer trabajo de grado, una propuesta de mejoramiento para optimizar el sistema de comercialización de la empresa de su padre. Tras cerrar la empresa este emprendedor decidió tomar la estructura para empezar su idea empresarial. La empresa nació en 2003, cuando él contaba veintitrés años, y se dedica a la radio móvil –sector terciario-.

Con los amigos empezó a divulgar música como si fuera una emisora. Hoy organiza eventos y fiestas en los cuales ponen luces, música y comerciales. Lleva diez años. Reconoce que la el programa de Administración le dio buenas bases de mercadeo. Se estudiaban casos sobre empresas y empresarios, se hacían visitas empresariales. Desde su egreso no ha cursado otros estudios. Su experiencia laboral incluyó una empresa de programas de inglés pero se retiró porque no había más oportunidades de crecimiento dentro de la empresa. Entonces decidió dedicarse a su idea de negocio.

Alex es el fundador, quien capitalizó y atendió los gastos de operación y funcionamiento. Descubrió la idea por casualidad, aunque siempre se rodeó del ambiente de música y fiestas. La financiación inicial fue un préstamo familiar que pudo pagar en los plazos pactados. Teme al fracaso, pero con el paso del tiempo aprendió a tomar riesgos. Tiene ganas, actitud y aptitud. Al momento de iniciar su nueva empresa existían muchos competidores con experiencia de más de treinta años. Su motivación crear empresa fue ser independiente y ganarse la vida.

El mercado era desarrollado cuando iniciaron porque había empresas con capacidad de organizar grandes conciertos. El servicio ofrecido era igual a los existentes y empezó a diferenciar llevando la fiesta a domicilio con el género musical al gusto de los clientes. Llevan música en disco duro y computador, sistema de iluminación tipo Led, y tecnología de última generación. Sus principales competidores fueron medianas y pequeñas empresas con buena experiencia. Alex ha aprendido a manejar protocolo, logística, producción de sonido, manejo de invitados y patrocinadores.

Las personas conocen las fiestas y las recomiendan con sus amigos, que lleva en una base de datos. Es un mercado más amplio con una buena clientela.

Alex no hizo plan de negocios escrito al iniciar su empresa, hecho que considera un error que ha ido corrigiendo en los últimos cinco años. El punto de equilibrio se logró después de un año. Hoy maneja estados de resultados y planeación. El crecimiento promedio de utilidades es entre 10% y 20% cada año.

Su forma de hacer las cosas lo obliga a ejecutar y corregir sobre la marcha. Siempre que recibe dinero destino el cincuenta por ciento para los socios y el otro cincuenta para patrimonio. Así hizo una inversión en equipos sin financiación externa. A partir del año 2006 se separó de sus socios. Se registró ante Cámara y Comercio como persona natural, bajo régimen simplificado. Tiene póliza para situaciones imprevistas como robo o incendio.

Cree que lo visto en la universidad –mercadeo, en especial–, lo impulsó a crear empresa. Le ayudó mucho asistir a ferias de la Cámara de Comercio, y ha consolidado una visión de largo plazo que le permitió llegar a los diez años con la empresa y espera consolidarla.

5.3. Me decido por...

Fe es dar el primer paso, incluso cuando no ves toda la escalera.

Martin Luther King

No es fácil evaluar las ideas de negocio porque cada emprendedor las juzgará según sus capacidades, sus motivaciones y el entorno en que actúa. No obstante, es necesario sustentar la escogencia en buena información que permita evaluarla y criticarla de la manera más objetiva posible. Hay que evitar la tentación de enamorarse de las ideas hasta llegar a defenderlas sin argumentos.

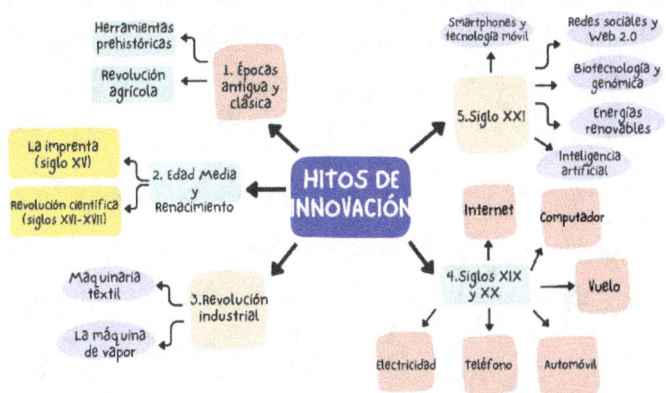

Gráfico 29 Hitos de innovación

Si a pesar de todos los análisis y críticas la idea sigue vigente, intente responder ¿Es innovadora mi idea?, ¿soluciona un problema?, ¿es la mejor solución?, ¿cuál es el valor agregado?, ¿se diferencia de otras?, ¿quién o quiénes se benefician con ella?, ¿podría ganar dinero si la llevo a cabo?, ¿puedo dedicarle todo mi tiempo para sacarla adelante?, ¿puede convertirse para mí en una forma de vida?:

Un enfoque sugiere evaluar la idea a partir de tres criterios: el costo de producción, la utilidad para el consumidor y el precio. Por tanto, al evaluar la idea ha de pensar cuánto costará desarrollar y producir el bien o servicio, qué necesidad satisfará del consumidor y cuánto está dispuesto un individuo a pagar por él.

Hay varias formas de evaluar las ideas de negocios para justificar la decisión de seguir o retirarse. Todas apuntan a rescatar los aspectos positivos, descubrir la mayoría de sus debilidades, encontrar oportunidades de mejora, identificar su grado de innovación y la viabilidad de ejecución. En este documento solo expondremos dos: la matriz NPI y el análisis DOFA.

La matriz PNI nació de los trabajos de Edward De Bono, psicólogo y científico. P significa positivo, N es Negativo e I es Interesante, traído del inglés *PMI -Plus, Minus, Interesting-*. Es una manera de muy rápida y sencilla de restar subjetividad a la idea de negocio que analiza por separado y con mayor profundidad los tres aspectos previstos en su nombre.

Tabla 5. Matriz PNI

P aspectos positivos	N aspectos negativos	I aspectos interesantes

En la columna de los aspectos positivos se escriben las razones que apoyan los factores de éxito probable de la idea; por ejemplo, sí parece haber demanda, nadie ofrece ese bien o servicio, no existe un bien sustituto en el mercado, entre otras. En la columna de los aspectos negativos se anotan los indicios que podrían hacer fracasar la idea o que arrojan sombras sobre su viabilidad; por ejemplo, en otros países no funcionó, es costoso, no es fácil conseguir las materias primas, entre muchas.

En la tercera columna se incluyen los aspectos que no encajan en los anteriores pero que afectarían la empresa. Entre ellas podrían incluirse los impactos en las costumbres de las personas, nuevos usos de un producto y los cambios de hábitos.

La escogencia de la idea de negocio tendrá todavía rasgos de subjetividad que serían menores porque las desventajas y probables consecuencias ya son conocidas.

El análisis FODA – fortalezas, oportunidades, debilidades y amenazas- se originó a mediados de siglo XX y en inglés se conoce como *SWOT Strengths, Weaknesses, Opportunities y Threats.*

Esta herramienta permite analizar ideas de negocio y su aplicación es amplia en muchas organizaciones -no solo empresas-, desde hace más de medio siglo (ver tabla 6); para analizar estrategias, planificar cursos de acción y apoyar el proceso de toma de decisiones.

Tabla 6. Análisis FODA

Idea de negocio:			
Fortalezas	**Oportunidades**	**Debilidades**	**Amenazas**

Las fortalezas y debilidades son propias de la idea de negocio mientras que las oportunidades y amenazas están presentes en el contexto donde la idea se llevaría a cabo.

Se sugiere que el emprendedor haga este análisis con expertos y todos aquellos que puedan aportar en la valoración de su idea. Se pretende identificar el mayor número de aspectos para reducir la incertidumbre de poner en marcha la idea como empresa.

En primer lugar, se identifican todas las fortalezas que tiene la idea: consistencia entre lo imaginado y cómo se puede desarrollar en el mercado, el valor agregado, sus ventajas, qué promete hacer que otras ideas no hagan, la posible aceptación del bien o servicio por parte de consumidores, entre otras.

Luego se plasman en la matriz las oportunidades, entendidas como los factores del entorno que podrían apoyar la ejecución de la idea. Entre ellos pueden identificarse: medidas de apoyo del Estado para creación de empresas, alguna tendencia del mercado que pueda favorecer la idea, situación favorable de la economía, alguna ola de cambio en la tecnología que la idea pueda aprovechar, y cambios de hábitos de los potenciales consumidores.

En tercer lugar, se trabaja en la tipificación de las posibles debilidades propias de la idea: asuntos técnicos y logísticos por mejorar, razones por las cuales la idea es débil ante otras ideas, elementos que serían debilidades de la empresa en el mercado y factores que afectarían las ventas. Para mayor información consulte https://www.coursera.org/learn/planificacion-gestion-pymes

---

Una idea de la vida real[17]

Guillermo Nigote tiene 28 años y su experiencia laboral ha sido en empresas del sector automotor. Es casado y aun no tiene hijos; se graduó como administrador de empresas. Lleva cinco años en la empresa donde trabaja y sabe que no hay posibilidades de ascenso ni mayores ingresos. Sus pasatiempos giran en torno a los carros. Desde hace dos años le ha compartido a su esposa el deseo de crear una empresa en torno a su pasatiempo. Vive al norte de la Bogotá y en la búsqueda de ideas se decidió por crear en lavadero de carros. En primer lugar, se dedicó durante más de tres meses a estudiar el sector. Hizo un análisis muy profundo de los lavaderos de carros en un radio de tres kilómetros; sabe quiénes son los dueños, cómo funcionan, cuántos empleados tienen, las formas de contratación,

---

[17] Experiencia documentada por el autor por medio de entrevista.

cuántos carros de lavan cada día de la semana, los ingresos, los costos, de dónde sacan el agua, cómo venden y los incentivos tienen para sus clientes. En una matriz PNI destacó lo positivo (es un centro comercial con plaza de mercado, el lugar que escogió tiene agua de pozo propio que le ahorra costos, su potencial clientela es cautiva y no tiene competencia a 10 cuadras a la redonda), lo negativo (el horario del centro comercial es de ocho horas, se cobra la entrada a las instalaciones, no hay espacio para resguardarse ni guardar cosas) y lo interesante (aparte de la plaza de mercado hay siete bodegas empresariales con 110 empleados que tienen 85 carros, 20 motos y 5 bicicletas, hay varias empresas de sacrificio de pollos, el centro comercial abre todos los días de la semana y el contrato de arrendamiento le permite usar 15 espacios para parquear los carros que lave). Hizo un plan de negocio en el que pronostica recibir 25 carros cada día entre lunes y viernes, 45 los sábados y 60 los domingos. La tarifa de lavado básico es $10.000, lavado más lavado inferior $13.000, lavado, lavado inferior y motor $20.000 y el combo que agrega brillo $30.000. Por cada servicio paga el 40% a cada lavador (puede contratar tres, en particular, jóvenes que están terminando secundaria en la noche a quienes debe comprarles overoles y los materiales de trabajo). Se requieren tres máquinas lavadoras nuevas a presión, dos aspiradoras industriales, tres carpas y dos cárcamos. Debe hacer dos pancartas para la entrada del centro comercial y volantes con diez cuadros para marcar los lavados hechos y regalar el décimo servicio a los clientes más fieles.

Por último, se buscan las probables amenazas. Estas son las situaciones externas a la idea que pueden afectarla. Identificarlas permite prever formas de mejorar la idea. Entre las posibles amenazas, pueden encontrarse obstáculos jurídicos que afecten la idea, otras ideas que los competidores hayan solucionado de manera más eficiente y en general, aquellas situaciones que puedan afectar de manera negativa la nueva empresa, en especial las micro y pequeñas empresas -ver gráfico 30-.

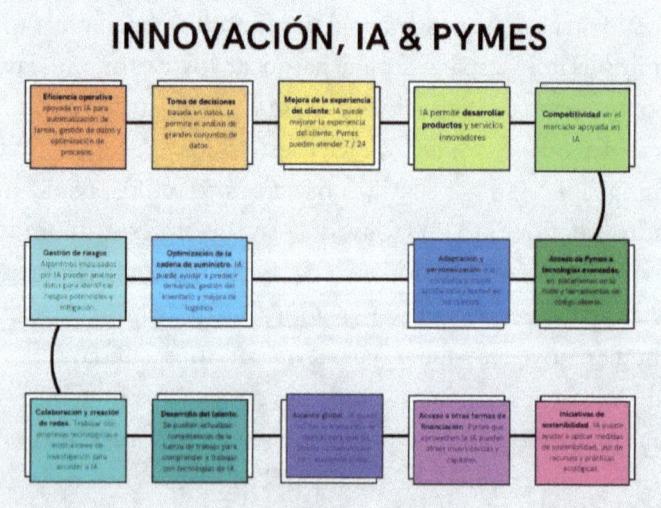

Gráfico 30 Innovación, IA y Pymes

5.4. Soy emprendedor social

Los pueblos alzados en armas jamás alcanzarán la prosperidad.

Nelson Mandela

El mercado es la situación donde oferentes y demandantes se ponen en acuerdo en el precio y la cantidad de un bien transado. A finales del siglo XX los modelos económicos abogan por la libertad de mercados donde los servicios públicos se privatizaron y se dieron todas las garantías para que el mercado sea quien asigna los recursos —usted recibe según lo que pague—; ello significa que el Estado minimiza su actuación con subsidios para los más pobres, entre muchas posibilidades. Los defensores del libre mercado resaltan la libertad individual, es decir, comprar y vender lo que cada individuo quiera (Ver Consenso de Washington)

Sin embargo, en países donde la riqueza está en manos del 2% de su población, surge una pregunta ¿Todo se puede incluir en el mercado? Hoy es posible que un preso pueda tener comodidades si tiene el dinero para pagarlas, se pueden alquilar vientres en países pobres a precios más favorables y con menos restricciones legales que en los países desarrollados, usted puede comprar la ciudadanía en países que tienen serias restricciones de ingreso para las personas del común, si le gusta cazar animales en vías de extinción solo debe pagar una suma para matar los suficientes para no acabar la especie, y puede pagar el acceso de sus hijos a universidades prestigiosas (ver Lo que el dinero no puede comprar. Los límites morales del mercado, de Michael Sandel)

Si tiene problemas financieros hay algunas posibilidades que el mercado brinda: puede alquilar la frente o alguna parte de su cuerpo para que lo tatúen con la publicidad de alguna empresa, puede prestarse para que prueben medicamentos con usted, puede vender riñones, hígado u otros órganos en Estados Unidos o puede enlistarse en ejércitos privados para combatir en países donde haya conflictos armados.

En los ecosistemas a los animales salvajes los gobiernan las leyes de la selva, por el contrario, a los seres humanos las normas e instituciones aceptadas por consenso. Las leyes contribuyen al desarrollo en los países pobres en tanto ayudan a reducir la violencia, impone limitaciones institucionales a los gobiernos, previene la corrupción y, muy importante para los emprendedores, protegen los derechos de propiedad.

¿Qué tanto participamos en la solución de los problemas comunes? En Inglaterra disminuyen los grados de participación: solo una de diez personas participa en actividades locales como juez de paz, una de cuatro personas participa en labores de voluntariado formal, una de tres personas participa en actividades de voluntariado informal y descienden las donaciones. Hay quienes culpan a la internet o la televisión de dar muerte a la vida asociativa (Ver La gran degeneración. Cómo decaen las instituciones y mueren las economías, de Niall Ferguson). En Colombia la situación parece ser más crítica: solo diecinueve personas de cada cien pertenecen a iglesias, organizaciones y grupos religiosos, cinco están en asociaciones, grupos, clubes y colectivos recreativos, deportivos, artísticos o culturales, cinco pertenecen a Juntas de Acción Comunal y demás organismos de acción comunal, dos están afiliadas a partidos y movimientos políticos, dos participan en grupos, colectivos, asociaciones y organizaciones ambientales, una está afiliada a grupos y colectivos que promueven los derechos de las minorías étnicas y sociales, y una pertenece a algún sindicato (Ver Encuestas de cultura política del DANE)

Un proyecto es el primer esquema o plan de cualquier trabajo que se hace a veces como prueba antes de darle la forma definitiva. En general puede definirse el proyecto como una serie de actividades encaminadas a solucionar un problema específico, que utiliza recursos y tienen una duración determinada. Pueden ser de carácter local, regional o nacional.

Los proyectos nacen de las necesidades individuales o colectivas y no siempre buscan rentabilidad económica. Los criterios tradicionales de evaluación de uso de esos recursos miden la rentabilidad del proyecto y de los recursos invertidos en él (evaluación económica). Si el proyecto produce bienes para población vulnerable es casi imposible recuperar lo invertido, en ese caso la forma de medición es la relación beneficio costo (evaluación social).

Las ideas que no tienen la rentabilidad como fin último – bancos de alimentos, proyectos de educación para población vulnerable y conservación del medio ambiente, entre otros- se formulan como proyectos y uno de los criterios de evaluación es la relación beneficio – costo.

Los proyectos tienen varias etapas: la identificación de la necesidad, la formulación, la evaluación, la ejecución y la evaluación.

En la fase de formulación se identifica la necesidad –con datos que justifiquen el proyecto-, el impacto –oportunidades que se originan con la ejecución del proyecto-, y los estudios de a) mercado –potencial de ventas, precios, cantidades-, b) técnico que incluye localización, acceso a insumos, el plan de producción y los costos de esta fase, c) organizativo y administrativo donde se definen la estructura de cargos, sus responsabilidades, la autoridad, la responsabilidad y sus costos, d) legal donde se definen las normas jurídicas que afectan el proyecto, y el e) financiero donde se preparan los presupuestos de ingresos y egresos y los criterios de evaluación. Para mayor información se recomiendan autores como Sapag y Sapag (2000), Hernández y Hernández (2001) y los organismos como el Departamento Nacional de Planeación (ver enlaces al final de acápite).

5.5. METODOLOGÍAS PARA FORMULAR PROYECTOS

Las herramientas para plasmar las ideas son muy completas y permiten determinar la viabilidad de la idea. Se incluye la metodología de Marco lógico con la cual evalúan iniciativas los organismos de cooperación internacionales. También existen programas de computador para hacer seguimiento una vez el proyecto se ejecuta.

a.   Departamento Nacional de Planeación – Metodologías para formular proyectos de inversión pública: https://mgaayuda.dnp.gov.co/Recursos/Documento_conceptual_2023.pdf

b.   Manual de proyectos de cooperación internacional: www.accionsocial.gov.co/documentos/891_Manualproyectos2006.pdf

c.   Identificación y formulación de proyectos – Marco lógico: www.colombiassh.org/reh/IMG/pdf_IDENTIFICACION_Y_FORMULACION_DE_PROYECTOS.pdf

d.   Manual de formulación de proyectos de cooperación internacional: www.ccong.org.co/files/126_at_Manual%20de%20Proyectos%20Version-Final-010812.pdf

e.   Doce metodologías de proyectos: https://asana.com/es/resources/project-management-methodologies

f.   Gestión de proyectos. Tecnológico de Monterrey: https://www.coursera.org/specializations/gestion-proyectos

g.   Metodologías para la construcción comunitaria: la generación de proyectos: www.banrepcultural.org/blaavirtual/sociologia/met1/intr.htm

Preguntas sobre el texto

1.   Encuentre un problema su entorno que usted pueda solucionar. Proponga una probable solución que incluya los aspectos positivos, negativos e interesantes para llevarla a cabo.

2.   Conteste alguno de los cuestionarios para determinar las habilidades del emprendedor. Analice los resultados.

3.   ¿Tiene un pasatiempo del que pueda vivir el resto de sus días?, ¿cómo se haría realidad?

4.   Describa la idea de negocio más creativa que conozca. ¿Podría usted mejorarla?

5.   ¿Conoce la obra del padre Javier de Nicoló? ¿Por qué lo consideran emprendedor social?

6.   ¿Pertenece a alguna asociación sin ánimo de lucro? Si la respuesta es negativa, averigüe las posibilidades de ayudar a quienes están en situación de pobreza.

7.   Indague por las propuestas de las universidades para atender a los menos favorecidos.

8.   Investigue cuántas personas están en situación de pobreza en su barrio y proponga soluciones junto con las iglesias.

6. QUIERO SER EMPRESARIO

Cuida tus pensamientos, porque se convertirán en tus palabras. Cuida tus palabras, porque se convertirán en tus actos. Cuida tus actos, porque se convertirán en tus hábitos. Cuida tus hábitos, porque se convertirán en tu destino.

Mohandas Gandhi

Si una idea de negocio pasa todos los filtros –sin excesos de optimismo-, es decir, se defiende sola, puede considerar la posibilidad de plasmarla en un documento concreto para la creación de empresa: el plan de negocio. Es un documento donde se plasma de manera ordenada y detallada la idea de negocio. En él se plasman los requerimientos de la idea y permite evaluar su viabilidad.

El documento contiene, en general, los estudios de mercado, de operación, organizativo, legal y financiero. Toda la información debe ser muy bien soportada para minimizar los riesgos. Otros modelos más complejos incluyen un resumen ejecutivo para identificar el valor agregado y los componentes innovadores, las hojas de vida de los miembros del equipo de emprendedores, las piezas publicitarias y videos de todo el proceso.

En todos los casos, el plan de negocio permite plasmar la información con rigor, darles coherencia a las actividades e incluir con mirada crítica las probabilidades de la empresa.

Sí. Lo decidí. Voy a crear una empresa

Es necesario hacer el plan de negocio. No se puede dejar a la suerte el uso de los recursos escasos.

¿Con socios? Si la idea es suya y decide compartirla debe asumir los riesgos de esa decisión. Es muy importante saber quién será el socio; acertar significa acercarse a la consolidación de la empresa y equivocarse puede ser el fin del proyecto. No se puede dejar al azar el porcentaje de propiedad de la empresa.

Los proveedores. Usted es su cliente y no siempre el más grande, por tanto, su servicio puede afectar la actividad de la naciente empresa. Al proveedor le interesa que a usted le vaya bien. Es una relación de mutuos beneficios en tanto sepa usted manejar las cantidades pedidas y los plazos de pago.

¿Cómo manejar empleados y colaboradores? Ahora estará al otro lado respondiendo por salarios, trámites, contratando a futuros prospectos, despidiendo a los que no aportan a la empresa, motivando o reprendiendo.

¿Cómo conseguir y conservar clientes? Una cosa es abrir la puerta del negocio y otra vender para sostener todos los gastos y ganar dinero. Desde el principio ha de pensar qué tipo de relación tendrá con quienes compran sus bienes o servicios. No basta que compren, es imprescindible que se conviertan en sus mejores aliados para que detecten sus errores y los ayuden a mejorar, que le consiga nuevos clientes y que seas los aliados más generosos.

La competencia. Cada cliente que existe en el mercado escoge entre usted y las empresas existentes. Por ello usted debe ser la mejor opción. Sin competencia usted se puede confiar y quedarse con el mismo bien o servicio durante años, por eso, se debe estar atento a sus movimientos (Repasar el concepto de la Teoría de los juegos y el ejemplo clásico del dilema del prisionero, que enseñan en introducción a la economía). En algunos casos los competidores lo pueden ayudar porque comparten con usted las mismas angustias (Repasar el concepto de alianza estratégica).

6.1.   MODELO DEL FONDO EMPRENDER DE COLOMBIA

El modelo de plan de negocio del **Fondo Emprender** tiene los siguientes componentes:

1.	**Mercado**
a.	Investigación de mercados
•	Definición de objetivos
•	Justificación y antecedentes del proyecto
•	Análisis del sector
•	Análisis de mercado
•	Análisis de la competencia
b.	Estrategias de mercado
•	Concepto del producto o servicio
•	Estrategias de distribución
•	Estrategias de precio
•	Estrategias de promoción
•	Estrategias de comunicación
•	Estrategias de servicio
•	Presupuesto de la Mezcla de Mercadeo
•	Estrategias de aprovisionamiento
c.	Proyecciones de ventas
•	Proyección de ventas y política de cartera
2.	**Operación**
a.	Operación
•	Ficha técnica del producto o servicio

Nótese que en este modelo se hace énfasis en el análisis del mercado. No basta con tener una idea que pueda ser acogida por los consumidores. Se intenta reunir los argumentos y evidencias que sustenten la decisión de crear la empresa. Con los datos obtenidos se deben imaginar y construir las estrategias para incursionar en el mercado.

Este modelo también resalta la importancia de que se emprenda en equipo para sumar distintos saberes y experiencias. Es recomendable analizar las hojas de vida de quienes se presentan a las convocatorias del Fondo Emprender; uno de los miembros del equipo ha de tener conocimiento y experiencia demostrables en la idea propuesta.

6.2. MODELO DE LA UNIVERSIDAD DE NEBRIJA DE ESPAÑA

El plan de negocios de la **Universidad de Nebrija** de España, escrito por Curbelo y López (2007), se compone de:

1. **Generación de idea de negocio**
2. **Investigación de mercados**
   a. Fuentes de información
   b. Técnicas y herramientas
   c. Análisis de datos
   d. Ejemplos
3. **Plan estratégico de la nueva empresa**
4. **Plan de marketing**
   a. Investigación de mercado
   b. Público objetivo
   c. Análisis DOFA
   d. Estrategias de marketing
   e. Tácticas de marketing
   f. Impacto financiero de las decisiones de marketing
   g. Plan de control
5. **Plan o gestión de producción o servicio**
   a. Selección y diseño de los productos, servicio o proceso
   b. Distribución en planta
   c. Capacidad
   d. Localización
   e. Control de inventarios
   f. Planificación de la producción

g.	Sistema de inventarios *Just in time*
6.	**Plan de organización y recursos humanos**
a.	Intangibles de la proposición de valor
b.	Trabajo en equipo y equipos de trabajo
c.	Motivación de las personas
d.	La cultura
e.	Formación de personal
f.	Evaluación de rendimiento
7.	**Estructura económica – financiera**
a.	Previsiones de ventas
b.	Cuenta de resultados provisional
c.	Punto de equilibrio
d.	Presupuesto de inversión
e.	Presupuesto de financiación
f.	Presupuesto de tesorería
g.	Análisis de indicadores
h.	Búsqueda de recursos financieros

Además de ellos, muchas universidades y organismos de apoyo tienen versiones con diversos grados de complejidad y ejemplos de planes de negocios evaluados y en marcha. Debe tener cuidado porque las ciudades y regiones de un país son diferentes; así, han de considerarse los temas culturales y geográficos para que las estrategias de ventas, de precios, los canales de distribución, la publicidad y el servicio al cliente sean los adecuados para el lugar donde usted está.

6.3. OTROS PLANES DE NEGOCIO

Estas guías le permitirán evaluar sus ideas de negocio. Una idea puede consolidarse si el producto que usted prevé soluciona una necesidad concreta de manera innovadora. Además, la idea puede fructificar si logra que los usuarios se enamoren del bien o servicio que usted ofrece.

Recuerde el concepto de economías de escala de los primeros espacios de economía: Podrá crecer en ventas sin hacer grandes cambios en la estructura de negocio que ha pensado. Los restaurantes trabajan con un bajo número de meseros cuando empiezan para lograr el nivel de eficiencia que conservarán.

a)   Plan de negocio. Universidad de Palermo, Argentina: https://www.coursera.org/learn/plan-de-negocios

b)   United Kingdom Government – Write a business plan: https://www.gov.uk/write-business-plan

c)   Cursos gratuitos Cámara de Comercio de Bogotá: https://catalogocampus.ccb.org.co/courses

d)   Gestión empresarial exitosa para pymes: https://www.coursera.org/learn/gestionempresarialpyme

e)   Barclays - Writing a small business plan: www.barclays.co.uk/Startupsupport/Writingasmallbusinessplan/P1242559649359

f)   ¿Cómo construir mi modelo de negocio?: https://www.coursera.org/learn/modelo-negocio

g)   U.S. Small Business Administration – Create Your Business Plan: www.sba.gov/category/navigation-structure/starting-managing-business/starting-business/how-write-business-plan

h)   Oxford shire County Council – Business development and financial planning

www.oxfordshire.gov.uk/cms/content/business-development-and-financial-planning

i) ¿Cómo convertir mi idea en empresa? https://www.coursera.org/learn/idea-empresa

j) Mi nueva empresa. Los siguientes pasos: https://www.coursera.org/learn/nueva-empresa

k) ¿Cómo financiar mi empresa? https://www.coursera.org/learn/financiar-mi-empresa

l) Apoyo para jóvenes emprendedores de la Unión Europea: www.erasmus-entrepreneurs.eu

m) Entrepreneur. Artículos y recursos en inglés: www.entrepreneur.com

Preguntas sobre el texto

1. ¿Cuáles son los componentes de un plan de negocio?

2. Analice los componentes básicos del modelo Fondo Emprender

3. En la página del Fondo Emprender revise las convocatorias y encuentre una que se adapte a sus intereses.

4. Investigue otras formas de apoyo hay para los emprendedores que crean empresa. Compárelas.

5. ¿Cómo sería el mercado actual de la idea de negocio que usted tiene? Apóyese en los modelos de planes de negocio recomendados.

6. Plantee la fase de producción de su idea de negocio. Acompáñese de estudiantes de otros programas académicos.

7. ¿Cuáles son los trámites para creación de empresa? Haga el presupuesto correspondiente.

8. Averigüe por las formas de apoyo al emprendimiento cultural en Colombia.

9. ¿Cómo se financian las ideas de negocio sin ánimo de lucro?

10. Plasme en un flujo de fondos los ingresos y egresos de su idea. Acompáñese de un estudiante, profesor de Administración de Empresas o Contaduría Pública o empresario, para analizar los indicadores de rentabilidad (Tasa interna de retorno, Valor presente neto y Periodo de recuperación.

UNAS PALABRAS FINALES

Quien emprende busca oportunidades y, es pertinente preguntar, ¿dónde están las oportunidades? Para algunos las oportunidades se crean, para otros, se descubren. Lo que pasa después aun es un dilema: la acción emprendedora carece de caminos predefinidos basados en razonamiento lógico o hay conexiones entre el razonamiento causal y la lógica de la acción humana.

El panorama actual permite inferir bajas tendencias en la creación de empleo y dudas respecto de su calidad y cantidad. Las personas con más capacidades y acceso al conocimiento, la ciencia y la tecnología tienen acceso a las instituciones de educación superior y pueden llevar a la práctica la creación de nuevas oportunidades con óptimos soportes en el conocimiento y mayores probabilidades de supervivencia. Así, los emprendedores con sus proyectos apoyados por la universidad pueden hacer correcciones para morigerar el crecimiento de la informalidad y la pobreza para superar las cifras de creación de empresas por necesidad, que son las más débiles.

Desde hace algunos lustros se ha incluido la educación empresarial en los planes de estudios universitarios como opción para abrir nuevas oportunidades de empleo, sin embargo, han sido desiguales los resultados; en China, por ejemplo, se ha encontrado que las habilidades de innovación científica y tecnológica tienen influencia positiva directa en la intención emprendedora de los estudiantes universitarios y su percepción de autoeficacia emprendedora, que junto con una óptima orientación ocupacional y la oferta de recursos económicos empresariales han renovado el tejido empresarial y han generado empleos calificados; por el contrario, en las economías en desarrollo las pymes reciben limitados fondos y formación, producen con baja innovación, la mayoría de las pequeñas empresas operan en la informalidad sin suficientes prácticas de sostenibilidad y manejo de riesgo.

En esas condiciones en Latinoamérica podría hacerse en énfasis en las didácticas propias de su contexto que incluyan la promoción de la creatividad, ideas de negocio en los sectores tradicionales con apoyo en los nuevos recursos como la IA, propuestas dentro de las empresas e iniciativas en el sector público y proyectos sociales; el auge de la IA puede apoyar a los emprendedores en el reconocimiento de oportunidades. En la región hay ilimitado acervo de ingenio y perspicacia, y perene escasez de capital, necesidad de reconfigurar el uso de recursos, alta flexibilidad y grandes capacidades de adaptabilidad, escenarios propicios para la IA para atender las insuficiencias del mercado, los deseos insatisfechos de los consumidores y las nuevas tendencias. Las nuevas herramientas permiten que los emprendedores puedan analizar cantidades ingentes de datos, detectar patrones y obtener información detallada sobre las tendencias del mercado, el comportamiento de los consumidores, los entornos competitivos y las tendencias del mercado.

Este texto ofrece algunos recursos para que usted, si tiene las capacidades emprendedoras y con apoyo de la universidad, pueda crear empresa con mayores probabilidades de perdurabilidad. Las ideas creativas tienen posibilidad de ser examinadas con las herramientas propuestas que le permitan desarrollar su potencial innovador, vivir de forma digna de lo que usted sabe hacer y le apasiona, lograr su realización personal y contribuir en la construcción de una sociedad más incluyente.

7. BIBLIOGRAFÍA SUGERIDA

Ávila, M., Andrade, D., Silva, C., & Gonçalves, V. (2023). *Entrepreneurial action: A bibliometric study on the international scientific production.* REGEPE Entrepreneurship and Small Business Journal, 12(3), e2446. https://doi.org/10.14211/ regepe.esbj.e2446

Amabile, T. (1999): *Cómo matar la creatividad.* Capítulo de Creatividad e innovación, Harvard Business Review. Ed. Deusto. Bilbao, pp 33-62

Amador, C. (2010): *El mundo finito. Desarrollo sustentable en el siglo de oro de la humanidad.* FCE, México.

Benavides, O. (2008): *De inventores a empresas. La historia económica de la innovación tecnológica.* Universidad Externado, Bogotá.

Bingchao, H. (2023) *International Journal of Emerging Technologies* in Learning . Vol. 18 Issue 19, p128-146. 19p.

Cámara de Comercio (2003): *Observatorio económico de Bogotá.* No. 13, noviembre. Bogotá, 16 p.

Cantillon, R. (1755): *Ensayo sobre la naturaleza del comercio en general.* Fondo de Cultura Económica, primera edición en español, 1952. México. 231 p

Carland, J., Carland J., Lockwood F. y Teasley R. (2006): *The Darkside of Entrepreneurship Revisited: American Style.* International Journal of Family Business, Vol. 3, pp 1-20.

Comisión Europea (2009): *El espíritu empresarial en la educación y la formación profesionales. Informe final del grupo de expertos.* Bruselas.

Cuevas, H. (2007): *La empresa y los empresarios en la teoría económica.* Universidad Externado de Colombia. Bogotá, 147 p

Curbelo, J. y López I. (2007): *El arte de emprender.* Cátedra Nebrija-BBVA en formación de emprendedores. Universidad Antonio de Nebrija. Madrid, 379 p

DANE (2013): *Encuesta de cultura política* disponible en www.dane.gov.co/files/investigaciones/ecpolitica/Presen_ECP_13.pdf

Dávila C. (2002): *Empresas y empresarios en la historia de Colombia. Siglos XIX y XX. Una colección de estudios recientes.* Compilador. Editorial Norma, CEPAL y Facultad de Administración de la Universidad de Los Andes. Bogotá, 2 tomos, p 766

Dávila, C. (1996): *Empresa e historia en América Latina. Un balance historiográfico*. TM Editores y Colciencias. Bogotá, 225 p

Dávila, C. (1997): *Los comienzos de la historia empresarial en Colombia*. Ponencia presentada en el simposio "La historia empresarial en sociedades de industrialización tardía" en Buenos Aires, Argentina. Publicada en América Latina en la historia económica, No. 7. P 73-101

De Bono, E. (1994): *El pensamiento lateral. El poder del pensamiento lateral para la creación de nuevas ideas*. Paidós empresa. Barcelona, 464 p

Dirube, J. (2007): *¡Quiero ser empresario! Doce entrevistas para conocer las competencias clave*. Díaz de Santos, Madrid

Drucker, P. (1984): *La innovación y el empresario innovador*. Editorial Norma, Bogotá.

Drucker, P. (1986): *Una nueva dimensión de la Administración. Dimensiones actuales que afectarán el futuro*. Norma, Bogotá, 378 p

Drucker, P. (1999): *La disciplina de la innovación*. Capítulo de Creatividad e innovación, Harvard Business Review. Ed. Deusto. Bilbao, pp 157-174

Drucker, P. (2007): *Innovation and entrepreneurship: practice and principles*.

Gámez G. Jorge (2013): *Emprendimiento y creación de empresa. Teoría, modelos y casos*. Ediciones Unisalle, Bogotá

Gámez- Gutiérrez J. y Navarrete C. (2009): *Jóvenes emprendedores ¿cómo son?* Revista Gestión & Sociedad de la Facultad de Ciencias Administrativas y Contables de la Universidad de La Salle, Bogotá, Vol. 1, No. 2, pp 139-154

Gámez J. (2010): *Aproximación a los modelos de emprendimiento*. Management, Vol. XVIII, número 31, pp 153-172. Universidad de San Buenaventura. Bogotá

Gámez, J. y Navarrete C. (2010): *Los jóvenes emprendedores y las instituciones de fomento y apoyo de Bogotá – Colombia*. Ponencia presentada en el IV Workshop Formación de emprendedores universitarios. Ibagué, Colombia. 25 p.

Gámir, L. *et al* (2007): *Innovación y productividad*. LID editores, Madrid. 293 p

Gartner, W. (1985): *A Conceptual Framework for Describing the Phenomenon of New Venture Creation*. The Academy of Management Review, Vol. 10, No. 4. pp. 696-706.

Global Entrepreneurship Monitor (2009): *Executive report*. Bosma Niels, Acs Zoltan, Autio Erkko, Coduras Alicia y Levie Jonathan. Babson College, Universidad del Desarrollo y London Business School.

González, F. (2007): *Creación de empresas. Guía del emprendedor*. Ediciones Pirámide, Madrid. 397 p

Guzmán J. y Liñán F. (2005): *Perspectives on Entrepreneurial Education: A US-Europe Comparison*. Jean Monnet European Studies Centre y Universidad Antonio de Nebrija, Madrid.

Guzmán J. y Santos F. (1999): Hacia un modelo explicativo del empresario de calidad. Revista de Economía industrial nº 325, pp 133-150.

Harrington, J., Hoffherr, G. y Reid. R. (2000): *Herramientas para la creatividad. Cómo estimular la creatividad en los individuos y en las organizaciones*. Mc Graw Hill. Bogotá, 190 p

Hernández, A. y Hernández A. (2001): *Formulación y evaluación de proyectos de inversión*. 4ª edición. Thomson, Bogotá.

Hisrich, R., Peters, M. y Shepherd D. (2005): *Entrepreneurship*. Mc Graw Hill, Madrid, 441 p

Iki, V., Otoghile, E. (2023). *Entrepreneurial Characteristics and Sustainability of Small Firms in a Developing Economy* en Science Journal of Business and Management. Vol. 11, No. 4 pp. 141-148. doi: 10.11648/j.sjbm.20231104.11

Kang, X., Chaivirutnukul, K., & Zeng, Y. (2023). *The Influence of Entrepreneurial Bricolage on Opportunity Recognition for New Ventures Based on Artificial Intelligence* en Journal of Information Systems Engineering and Management, 8(4), 22735. https://doi.org/10.55267/iadt.07.13782

Kantis H., Angelelli P. y Moori-Koenig V. (2004): *Desarrollo emprendedor: América Latina y la experiencia internacional*. Banco Interamericano de Desarrollo. Washington. 284 p

Manuel, E. (2006): *e-entrepreneurship.* MPRA Paper No. 2237, posted 07.

Marx, C. (1984): *El Capital. Crítica de la Economía política.* Fondo de Cultura Económica. México, 18ª reimpresión. Tomo I, 769 p

McClelland, D. (1989): *Estudio de la motivación humana.* Narcea Ediciones, Madrid.

McClelland, D. y Winter D. (1970): *Cómo se motiva el éxito económico.* Unión tipográfica editorial hispanoamericana, México, 424 p

Moriano, J. (2005): *El perfil psicosocial del emprendedor.* Consejo económico y social. Madrid. 263 p

Moriano. J, Palací, F. y Morales, J. (2006): *El perfil psicosocial del emprendedor universitario.* Revista de Psicología del trabajo y de las organizaciones, Volumen 22, No. 1. pp 75-99

Mouján, H. (2006): *Cómo desarrollar microemprendimientos.* Longseller, Buenos Aires. 127 p

Niall, F. (2013): *La gran degeneración. Cómo decaen las instituciones y mueren las economías.* Random House Mondadori, Bogotá.

Nueno, P. (2009): Emprendiendo hacia el 2020. Una renovada perspectiva global del arte de crear empresas y sus artistas. Deusto, Barcelona. 245 p

Pereira, F. (2007): *La evolución del espíritu empresarial como campo del conocimiento. Hacia una visión sistémica y humanista.* Cuadernos de Administración, Universidad Javeriana. Bogotá.

Pinchot, G. (1985): *Intrapreneuring.* Editorial Norma. Bogotá, 336 p

Ponti, F. y Ferràs, X. (2008): *Pasión por innovar. Un modelo novedoso que incentiva la creatividad empresarial.* Norma, Bogotá, 296 p

Prada, R. (2002): *Creatividad e innovación empresarial.* Tecnopress ediciones, Bogotá, 306 p

Rodríguez, C. y Jiménez, M. (2007): *Emprenderismo, acción gubernamental y academia. Revisión de la literatura.* Innovar. [online]. jul./dec. 2005, Vol. 15, No. 26, pp. 73-89.

Rosnani Jusoh, Babak Ziyae, Soaib Asimiran, Suhaida Abd. Kadir (2011). *Entrepreneur Training Needs Analysis: Implications On The Entrepreneurial Skills Needed For Successful Entrepreneurs. International Business & Economics Research Journal* – January 2011 Volume 10, (1), pp143-148

Ruperti, V. & Corbeto, S. (2008): *Let´s Play*. Plataforma editorial, Madrid. 272 p.

Sandel, M. (2013): *Lo que el dinero no puede comprar. Los límites morales del mercado*. Random House Mondadori, Bogotá.

Sapag, N. y Sapag, R. (2000): *Preparación y Evaluación de Proyectos*.4ª edición. McGraw Hill, Bogotá.

Schumpeter, J. (1939): *Ciclos económicos. Análisis teórico, histórico y estadístico del proceso capitalista*. Prensas universitarias de Zaragoza, Zaragoza, 501 p

Schumpeter, J. (1946): *Capitalismo, socialismo y democracia*. Ed. Claridad, Buenos Aires.

Schumpeter, J. (1947): *Theoretical Problems: Theoretical Problems of Economic Growth*.The Journal of Economic History, Vol. 7, Supplement: Economic Growth: A Symposium. pp. 1-9.

Schumpeter, J. (1947a): *The creative response in economic history*. The Journal of Economic History, Vol. 7, No. 2, noviembre. P 149-159

Schumpeter, J. (1978)*: Teoría del desenvolvimiento económico*. Fondo de cultura económica, México.

Sierra Jorge (2006): *¿Qué hacemos con Colombia? Los grandes debates económicos con los principales dirigentes del país*. Planeta, Bogotá.

Stevenson, H. y Jarillo C. (1990): *A paradigm of entrepreneurship: entrepreneurial management*. Strategic Management Journal, Vol. 11, Special Issue: Corporate Entrepreneurship. pp. 17-27.

Thai, Q. H., Mai, K. N. (2023): *Entrepreneurial traits: a systematic literature review* en Manag Rev Q. https://doi.org/10.1007/s11301-023-00370-4

Turriago, Á. (2002): *Gerencia de la innovación tecnológica*. Alfaomega y Cambio. Bogotá, 57 p

Valdés, L. (2006): *Innovación. El arte de inventar el futuro*. Norma, Bogotá, 416 p

Varela, R. y Bedoya, O. (2006): *Modelo conceptual de desarrollo empresarial basado en competencias*. Icesi, Cali, 26 p

Varela, R. (2001): *Innovación empresarial. Arte y ciencia en la creación de empresas*. Pearson, Bogotá. 400 p

Veciana, J. (2001): *Creación de empresas como campo de estudio y salida profesional: Evolución, estado actual y tendencias de desarrollo*. RGE-Revista de Gestão e Economia. Universidade Da Beira Interior. Covilha, Portugal, pp. 2-9

Weber, M. (1984): *La ética protestante y el espíritu del capitalismo*. Sarpe, Madrid. 227 p.